Herbert Mayr

# Allgäuer Wanderberge

50 Touren zwischen Bodensee und Füssen

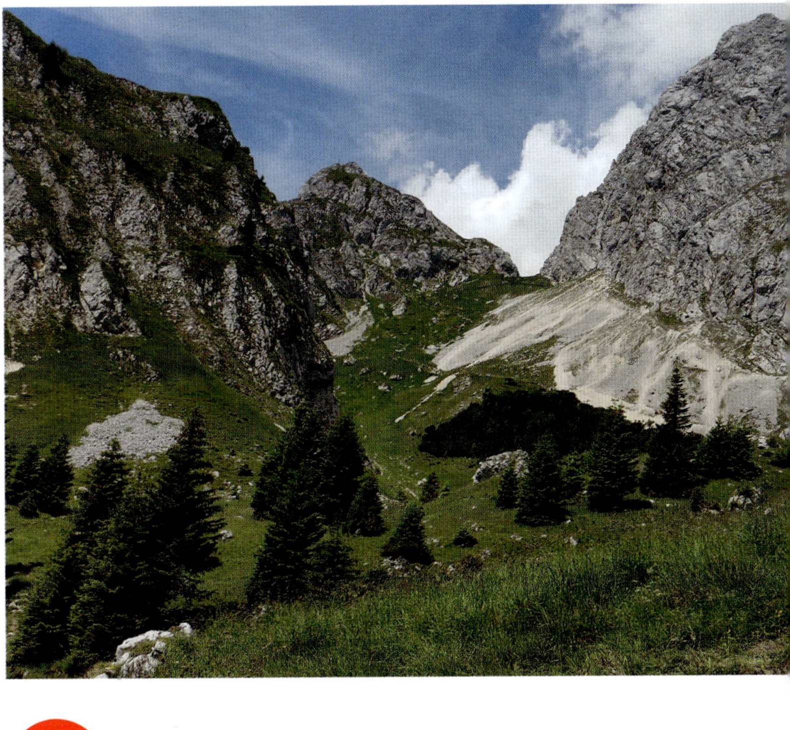

# Vorwort

Die faszinierende Allgäuer Bergwelt war immer schon für ihren unvergleichlichen Abwechslungsreichtum berühmt. Bekannt sind die kühnen Steilgrasberge mit ihrer prachtvollen Blumenwelt. Wuchtige Felsburgen, darunter unverwechselbare Gesichter mit klangvollen Namen wie Säuling, Aggenstein, Rote Flüh, Hochvogel, Großer Krottenkopf, Mädelegabel, Widderstein und Hoher Ifen üben auf den staunenden Bewunderer unwiderstehliche Reize aus. Aber auch bequeme Waldschöpfe und sanfte Grasdächer, malerische Alpkessel und romantische Hochtäler mit rauschenden Wildbächen und tosenden Wasserfällen beleben die alpine Szenerie. Die Eiszeitgletscher haben diese überaus mannigfaltige Berglandschaft, in der es an nichts mangelt, zu einem wesentlichen Teil mitgestaltet. Und zuletzt war auch der Landwirt über viele Generationen mittels harter Arbeit an dem heute so freundlichen Erscheinungsbild beteiligt. Alle Landschaftsformen scheinen hier behutsam aufeinander abgestimmt. Als wäre es bei der Erschaffung des Allgäus um einen bedeutenden Wettbewerb gegangen.

Die vorgestellte Tourenregion umfasst nicht nur den Bereich der Allgäuer Alpen mit dem »Natura 2000«-Gebiet »Allgäuer Hochalpen«. Sie beinhaltet auch spannende Unternehmungen in den vielgestaltigen Ammergauer Alpen. Bis auf den Breitachklamm-Ausflug haben alle Touren einen, manchmal auch zwei Gipfel als Ziel. Von vergnüglichen, kinderfreundlichen Halbtageswanderungen und lockeren Tagestouren über anspruchsvolle und gelegentlich recht ausgedehnte Unternehmungen mit respektablen Höhenunterschieden bis hin zu einer dreitägigen Weitwanderung auf dem hochalpinen Heilbronner Weg findet jeder seinen Neigungen entsprechend die passende Route. Auch unterhaltsame Klettersteig-Einlagen und leichte Felskraxeleien kommen vor. Weglose Unternehmungen oder Gipfelbesteigungen, die deutlich über den I. Schwierigkeitsgrad im Fels hinausgehen, sind in dieser Sammlung bewusst nicht aufgenommen. Eine Ausnahme bildet die Kellespitze (II). Die Freude am Aufstieg soll möglichst ungetrübt sein. Statt »Wanderberge« könnte man auch »Wegegipfel« sagen. Allerdings trifft man auf manchen Touren schon mal Abschnitte an, die lediglich mit Pfad- oder Steigspuren aufwarten und deshalb einen gesunden Orientierungssinn verlangen.

Diese Auswahl beliebter, aber auch nicht so bekannter Erlebnistouren gibt ihnen neben den exakt recherchierten und nie zu knapp beschriebenen Wanderrouten eine Menge Tipps, wie Sie beispielsweise lange Talmärsche mit dem Mountainbike, dem Hüttenbus oder der Kutsche abkürzen können, wo sich lohnende Zusatzziele oder Alternativrouten anbieten, welche Unternehmungen man mit einer Hüttenübernachtung auf Zweitagestouren ausdehnen kann und manches mehr. Ein besonderes Anliegen war es, möglichst viele Touren mit Bahn und Bus erreichen zu können. Bis auf ganz wenige Ausnahmen ist dies gelungen.

Viel Spaß beim Wandern, Kraxeln und Erholen wünscht

Herbert Mayr

*Der Alpsee bei Hohenschwangau.*

# Inhalt

**Vorwort** . . . . . . . . . . . . . . . . . . . . . . . . . . . . . . . . . . . . . . . . . 3
**Top-Touren** . . . . . . . . . . . . . . . . . . . . . . . . . . . . . . . . . . . . 8
**Allgemeine Hinweise** . . . . . . . . . . . . . . . . . . . . . . . . . . . 10
Telefonnummern und Internetadressen . . . . . . . . . . 10
GPS-Tracks und Koordinaten der Ausgangspunkte . 12
**Die Gebiete im Überblick** . . . . . . . . . . . . . . . . . . . . . . . 14

**1 Hirschberg, 1095 m**
Rundtour über Hirschbergsau . . . . . . . . . . . . . . . . . . . . 18

**2 Riedholzer Kugel, 1066 m**
Durch den Eistobel . . . . . . . . . . . . . . . . . . . . . . . . . . . . . 20

**3 Salmaser Höhe, 1254 / Thaler Höhe, 1166 m**
Rundtour über die Michelesalp . . . . . . . . . . . . . . . . . . . 22

**4 Immenstädter Horn, 1489 m**
Rundtour über die Kanzel und Rieder . . . . . . . . . . . . 24

**5 Steineberg, 1660 m**
Rundtour über die Vordere Krumbachalp . . . . . . . . . 27

**TOP 6 Grünten, 1738 m**
Durch das Wustbachtälchen . . . . . . . . . . . . . . . . . . . . . 30

**7 Hoher Häderich, 1566 m**
Rundtour aus dem Bolgenachtal . . . . . . . . . . . . . . . . . 32

**TOP 8 Hochgrat, 1832 m, und Rindalphorn, 1822 m**
Überschreitung von West nach Ost . . . . . . . . . . . . . . . 35

**9 Heidenkopf, 1685 m, und Girenkopf, 1683 m**
Über die Obere Balderschwanger Alp . . . . . . . . . . . . . 38

**TOP 10 Siplingerkopf, 1745 m**
Rundtour aus dem Aubachtal . . . . . . . . . . . . . . . . . . . . 40

**11 Feuerstätterkopf, 1645 m**
Überschreitung von Nord nach Süd . . . . . . . . . . . . . . 43

**12 Besler, 1680 m**
Durchs Lochbachtal . . . . . . . . . . . . . . . . . . . . . . . . . . . . 46

**13 Breitachklamm, 950 m**
Über Reute . . . . . . . . . . . . . . . . . . . . . . . . . . . . . . . . . . . . 48

**14 Hoher Ifen, 2230 m**
Überschreitung von Nord nach Süd . . . . . . . . . . . . . . 51

**TOP 15 Widderstein, 2533 m**
Durchs Gemsteltal . . . . . . . . . . . . . . . . . . . . . . . . . . . . . . 55

| | | |
|---|---|---|
| **16** | **Geißhorn, 2366 m** <br> Durchs Gemsteltal | 58 |
| **17** | **Kemptner Kopf, 2191 m** <br> Durchs Wildental | 61 |
| **18** | **Schlappoltkopf und Fellhorn, 2038 m** <br> Überschreitung von Nord nach Süd | 65 |
| **19** | **Hohes Licht, 2651 m** <br> Über Einödsbach und Rappenseehütte | 68 |
| TOP **20** | **Heilbronner Weg, 2615 m** <br> Von der Kemptner Hütte zur Rappenseehütte | 72 |
| **21** | **Mädelegabel, 2645 m** <br> Durchs Bacherloch | 79 |
| **22** | **Großer Krottenkopf, 2656 m** <br> Rundtour über den Kalten Winkel | 84 |
| **23** | **Schneck, 2268 m** <br> Durchs Oytal | 88 |
| **24** | **Hochvogel, 2592 m, und Kreuzspitze, 2367 m** <br> Rundtour über den Kalten Winkel | 92 |
| **25** | **Knappenkopf und Kugelhorn, 2126 m** <br> Überschreitung von Süd nach Nord | 98 |
| **26** | **Rauhhorn, 2240 m** <br> Über den Nordgrat | 102 |
| TOP **27** | **Rubihorn, 1957 m** <br> Durch den Gaisalptobel | 105 |
| **28** | **Großer Daumen, 2280 m** <br> Über das Koblat | 108 |
| **29** | **Breitenberg, 1887 m, und Rotspitze, 2033 m** <br> Rundtour über die Hohen Gänge | 111 |
| **30** | **Imberger Horn, 1656 m** <br> Überschreitung von Nord nach Süd | 115 |
| **31** | **Kleiner Hirschberg, 1500 m** <br> Durch den Hirschbachtobel | 118 |
| **32** | **Zinken, 1613 m** <br> Über die Zehrerhöfe | 120 |
| **33** | **Reuter Wanne, 1542 m** <br> Rundtour über die Blösse | 122 |
| **34** | **Alpspitze, 1575 m** <br> Rundtour durch die Mühlbachschlucht | 124 |
| **35** | **Ponten, 2045 m, und Bschießer, 2000 m** <br> Rundtour mit Ponten-Überschreitung | 126 |

| | | | |
|---|---|---|---|
| TOP | 36 | **Aggenstein, 1987 m**<br>Aus dem Engetal | 129 |
| | 37 | **Einstein, 1866 m**<br>Von Süden | 132 |
| | 38 | **Große Schlicke, 2059 m**<br>Durchs Raintal | 134 |
| | 39 | **Rote Flüh, 2111 m**<br>Über das Gimpelhaus | 137 |
| TOP | 40 | **Kellespitze, 2238 m**<br>Über die Tannheimer Hütte | 140 |
| | 41 | **Steinkarspitze und Lachenspitze, 2126 m**<br>Über die Landsberger Hütte | 142 |
| TOP | 42 | **Leilachspitze, 2274 m**<br>Durchs Birkental | 145 |
| | 43 | **Krinnenspitze, 2000 m**<br>Über Enziansteig und Südrücken | 148 |
| | 44 | **Zirmgrat, 1292 m**<br>Rundtour über den Alatsee | 150 |
| | 45 | **Kienberg, 996 m**<br>Rundtour um Alpsee und Schwansee | 153 |
| TOP | 46 | **Säuling, 2048 m**<br>Rundtour um den Pilgerschrofen | 156 |
| | 47 | **Ahornspitze, 1784 m**<br>Rundtour über den Branderfleck | 159 |
| | 48 | **Krähe, 2010 m**<br>Über den Geiselsteinsattel | 162 |
| | 49 | **Hochplatte, 2079 m**<br>Über Kenzenhütte und Gamsangerl | 165 |
| | 50 | **Grubenkopf, 1847 m**<br>Über Kenzenhütte und Bäckenalmsattel | 169 |

**Stichwortverzeichnis** ... 172
**Impressum** ... 176

*Der westlich des Beslers aufragende Beslerkopf von der Riedbergpassseite.*

# Top-Touren

### Grünten
Der »Wächter des Allgäus« mit seiner auffallenden Pyramidengestalt und dem Jägerdenkmal gilt dank seiner vorgerückten Position als sehr beliebte Allgäuer Aussichtswarte *(Tour 6, 5.15 Std.)*.

### Siplingerkopf
Über dem Gunzesrieder Aubachtal entführt dieses erstaunlich abwechslungsreiche Bergerlebnis – Höhepunkt die einzigartige Siplingernadel – in skurrile Kleinlandschaften des Naturparks Nagelfluhkette *(Tour 10, 6.00 Std.)*.

### Widderstein
Mit einfachen Kletterstellen und einprägsamen Ausblicken gewürzt ist die Kondition fordernde Besteigung dieses mächtigen Zweieinhalbtausenders im hintersten Kleinwalsertal *(Tour 15, 8.00 Std.)*.

### Hochgrat und Rindalphorn
Die luftige Überschreitung der beiden höchsten Gipfel in der Kette der Rindalpen begeistert durch ihre reiche alpine Flora und die für die Molasseberge typischen nordseitigen Felsbänder *(Tour 8, 5.00 Std.)*.

### Heilbronner Weg
Unvergessliches Kurztrekking in den Allgäuer Hochalpen durch zwei der schönsten Oberstdorfer Täler, über Bockkarkopf, 2608 m, und Steinschartenkopf, 2615 m, auf dem klettersteigartigen Allgäuer Höhenweg »Nr. 1« *(Tour 20, 3 Tage)*.

## Rubihorn
Was verlangt mehr nach einer Tourenwiederholung: eine Rucksackbrotzeit am malerischen Gaisalpsee oder der Tiefblick vom begehrten Felsenthron hoch über der Vereinigung der Illerquellflüsse *(Tour 27, 5.45 Std.)?*

## Aggenstein
Recht unterschiedliche Gesichter zeigt diese kühn geformte und Trittsicherheit verlangende Hauptdolomit-Erscheinung am Eingang zum Tannheimer Tal *(Tour 36, 5.15 Std.).*

## Kellespitze
Absolute Schwindelfreiheit ist angesagt für die pfiffigen Klettereinlagen von der Tannheimer Hütte auf dem ausgesetzten »Normalweg« zum höchsten Kalkzacken der Tannheimer Berge *(Tour 40, 7.15 Std.).*

## Leilachspitze
Die seltene Wildflusslandschaft im weltabgeschiedenen Birkental, erreichbar auf dem abenteuerlichen Dillingerweg, zählt als Leilach-Zwischenziel zu den eigenwilligsten Hochtälern der Allgäuer Alpen *(Tour 42, 8.45 Std.).*

## Säuling
In der Allgäuer Ecke der Ammergauer Berge lockt über den weltberühmten Königsschlössern eine prächtige Landmarke des Alpenvorlandes: der bullige Säuling mit den angesiedelten Steinböcken *(Tour 46, 6.45 Std.).*

# Allgemeine Hinweise

### Anforderungen

Die Wanderungen verlaufen weitgehend auf markierten Wegen und Pfaden. Im voralpinen und alpinen Gelände sind dennoch vielfach Trittsicherheit und Schwindelfreiheit, manchmal auch leichte Kletterei erforderlich. Länge und Höhenunterschiede vieler Touren setzen eine entsprechende Kondition voraus. Orientierungssinn kann zuweilen selbst auf markierten Routen notwendig sein. Um die jeweiligen Anforderungen auf den ersten Blick besser einschätzen zu können, sind die Wandervorschläge in diesem Buch entsprechend bewertet worden. Die Schwierigkeitsangaben beziehen sich auf Wege in trockenem und unbeschädigtem Zustand. Je nach Witterungseinflüssen können die Schwierigkeiten einer Tour allerdings auch erheblich anwachsen:

■ **Leicht**
Diese Wanderwege sind meistens gut markiert, ausreichend breit und im Normalfall nur mäßig steil. Sie erfordern kaum Bergerfahrung und können oft auch bei Schlechtwetter verhältnismäßig gefahrlos begangen werden.

■ **Mittel**
Diese Bergwanderwege sind in der Regel ausreichend markiert und teil-

## Telefonnummern und Internetadressen

### Notruf
- Europäische Notrufnummer, Tel. 112 (Festnetz und Mobilfunk)
- Bergrettung Tirol, Tel. 140 (Festnetz)
- Bergrettung Vorarlberg, Tel. 144 (Festnetz)

### Fremdenverkehrsvereine
- Allgäu GmbH, Tel. +49/8323/8025931, www.allgaeu.de
- Tirol Info, Tel. +43/512/7272-0, www.tirol.at
- Vorarlberg Tourismus, Tel. +43/5572/377033-0, Fax 377033-5, www.vorarlberg.travel

### Alpine Auskunft
- Deutscher Alpenverein (DAV), www.alpenverein.de
- Österreichischer Alpenverein (ÖAV), Tel. +43/512/587828

### Alpine Wetterberichte
- Alpenvereinswetterbericht Alpen, www.alpenverein.de
- Deutscher Wetterdienst, Alpen Tel. 0900/111/60-11 (gebührenpflichtig), www.dwd.de

### Fahrplanauskunft
- DB, Tel. +49/30/2970 (gebührenpflichtig), www.bahn.de
- ÖBB, +43/5/1717, www.oebb.at
- RVA (Busse), +49/8362/9390505 (Füssen), Tel. +49/8322/9677-0 (Oberstdorf), www.rva-bus.de
- Postbus, +43/5/1717, www.postbus.at

*Alter Heustadel am Enziansteig zur Krinnenspitze.*

weise schmal; einzelne Stellen können gesichert sein. Für die Begehung dieser Wege werden deshalb Trittsicherheit und eine gute Kondition vorausgesetzt, an kurzen ausgesetzten Passagen auch Schwindelfreiheit. Bergerfahrung und eine passende Ausrüstung (z. B. festes Schuhwerk) sind nötig.

■ **Schwierig**
Diese Wege und Steige, manchmal markiert, manchmal aber auch weglose Routen, erfordern absolute Trittsicherheit und Schwindelfreiheit und sind konditionsstarken Bergwanderern und Bergsteigern vorbehalten, die sich auch im weglosen Gelände mühelos zurechtfinden können. Der Gebrauch der Hände zur Fortbewegung im steilen, felsigen Gelände kann nötig sein (Felsstellen I, ausnahmsweise auch II). Aufgrund der nicht selten beachtlichen Höhenlage und großen Tourenlänge ist stabiles Wetter unbedingte Voraussetzung.

### Gefahren
Obwohl die meisten Touren dieses Wanderführers gebahnten bzw. markierten Wegen oder Steigen folgen, ist an einigen abrutschgefährdeten Stellen erhöhte Vorsicht angebracht. Dies gilt besonders bei Querung von Steilhängen oder hartgefrorenen Altschneefeldern sowie im steinschlaggefährdeten Gelände. Verschlechtert sich das Wetter auf einer Tour deutlich, so ist Mut zur Umkehr erforderlich. Bei Überforderung sollte man sich auch mit einem Teilziel zufriedengeben.

### Ausrüstung
Feste Schuhe mit Profilsohle, eine strapazierfähige Hose, Rucksack mit warmer Kleidung, Regenschutz und Tourenproviant (Trinkflasche) sowie Verbandszeug, Stirnlampe und Teleskop-Wanderstöcke werden empfohlen.

### Gehzeiten
Die Zeitangaben sind zwar reichlich bemessen, enthalten jedoch nur die reine Gehzeit. Als Faustregel gelten etwa 350 Höhenmeter pro Stunde im Aufstieg und 500 Höhenmeter pro Stunde im Abstieg.

*Aussicht vom Biberkopf-Südwestaufstieg zu den Schafalpenköpfen.*

### Einkehr und Übernachtung
In der Kurzinfo werden alle an der Wanderroute gelegenen Stützpunkte angeführt. Da die Öffnungszeiten außerhalb der Saison witterungsabhängig sind, empfiehlt es sich, vor dem Start Erkundigungen einzuziehen.

### Beste Wanderzeit
Wanderungen im Talbereich und Allgäuer Alpenvorland empfehlen sich etwa ab Mitte Mai, Touren bis zur Waldgrenze eher erst ab Anfang Juni. Sehr wahrscheinlich sind die Gefahren durch nordwest- bis nordostgerichtete Altschneefelder in Höhen über rund 2000 m bis in den Juli hinein nicht unerheblich. Ab Oktober ist besonders schattseitig mit vereisten Passagen zu rechnen.

### Kinder
Man sollte den Nachwuchs weder unter- noch überschätzen; Kinder sind in der Regel wesentlich belastbarer, als (über-)vorsichtige Eltern glauben. Man muss sie aber auch begeistern können, ihre Fantasie anregen: Langeweile ist Gift für jede Familienwanderung, Kinder lieben das Abenteuer! Wanderungen, die für Familien mit Kindern empfohlen werden können, sind durch ein Symbol hervorgehoben. Weglänge bzw. Dauer der Tour spielen hierbei eine untergeordnete Rolle – diese müssen die Eltern (Kinder) selbst einschätzen. Das Symbol besagt

### GPS-Tracks und Koordinaten der Ausgangspunkte
Zu diesem Wanderbuch stehen auf www.rother.de GPS-Tracks und Koordinaten der Ausgangspunkte zum kostenlosen Download bereit.
**7. Auflag**e, Passwort: **301807bgu**
Sämtliche GPS-Daten wurden auf einer digitalen Karte erfasst. Verlag und Autor haben die Tracks und Wegpunkte nach bestem Wissen und Gewissen überprüft. Dennoch können wir Fehler oder Abweichungen nicht ausschließen, außerdem können sich die Gegebenheiten vor Ort zwischenzeitlich verändert haben. GPS-Daten sind zwar eine hervorragende Planungs- und Navigationshilfe, erfordern aber nach wie vor sorgfältige Vorbereitung, eigene Orientierungsfähigkeit sowie Sachverstand in der Beurteilung der jeweiligen (Gelände-)Situation. Man sollte sich für die Orientierung auch niemals ausschließlich auf GPS-Gerät und -Daten verlassen.

vielmehr, dass der Weg viele für Kinder interessante Abschnitte oder Geländepunkte bietet, wie kurzweilige Pfade, Bäche, Seen, Wasserfälle usw.

### Tipps für Bergwanderer

■ Mit Rücksicht auf die Umwelt in Gruppen oder mit öffentlichen Verkehrsmitteln anreisen.

■ Platzsparend und rücksichtsvoll parken, gegebenenfalls um Erlaubnis bitten.

■ Markierte Wege nicht verlassen, Gatter schließen, an Zäunen den Durchschlupf oder die »Hühnerleiter« benutzen. Keine Steine lostreten.

■ Abfall wieder ins Tal mitnehmen.

■ Alle Pflanzen und Tiere respektieren.

■ Sonnseitige Touren frühzeitig beginnen und genügend Flüssigkeit mitnehmen (keinen Alkohol!), öfter eine kurze Rast einlegen.

■ Wettervorhersagen und aktuelle Wetterentwicklung beachten und gegebenenfalls rechtzeitig umkehren.

■ Sich nicht überfordern, bei gleichmäßigem Tempo nicht an der Leistungsgrenze gehen.

■ Zu Hause bzw. im Quartier das geplante Tourenziel angeben.

■ Alpines Notsignal: 6 x pro Minute akustisches oder optisches Signal (Rufen, Pfeifen, Winken, Blinken mit Taschenlampe), und dies so lange, in Abständen von einer Minute, bis eine Antwort (Signal 3 x pro Minute) erfolgt.

### Karten

Die den einzelnen Wandervorschlägen beigegebenen Kartenausschnitte mit Routeneintragung sind ein wesentlicher Bestandteil des Wanderführers. Zur besseren Übersicht werden die Wanderkarten im Maßstab 1:50.000 von Freytag & Berndt sowie die unübertroffenen Alpenvereinskarten im Maßstab 1:25.000 empfohlen (für den gesamten Bereich der Allgäuer Alpen erhältlich).

*Litnisschrofen mit Gräner Ödenalp.*

# Die Gebiete im Überblick

Diese Kurzvorstellung soll einen groben Überblick über den unterschiedlichen Charakter der Allgäuer Berggruppen und deren Bedeutung für den Wanderer bieten.

### Allgäuer Vorberge
In vorderster Front stehen beiderseits der Iller die zertalten Allgäuer Vorberge, ein schier unerschöpfliches Wanderreich mit abenteuerlichen Wildbachtobeln, in dem man schon früh im Jahr und gebietsweise sogar während der Wintermonate Gipfeltouren unternehmen kann. Zwischen Hittisau und Immenstadt, aber auch noch südlich des Aubachtals, sind es die nordseitig in auffallend gebänderten Felsfluhen abstürzenden Berge des Naturparks Nagelfluhkette mit dem Hochgrat als Hauptgipfel, die dieses mittelhohe, an Alpen reiche Molasse-Bergland gestalten. Zur Riedbergpassstraße hin schließen sich die rundlichen und deutlich harmloseren, grünen Flyschberge an. Der höchste im Bunde ist hier das Riedberger Horn. Der aus unterschiedlichen Gesteinen aufgebaute kleinere Ostteil der Vorberge mit dem ausgedehnten Erholungsgebiet des Großen Waldes wird im Süden vom Ostrachtal, der Oberjochstraße und dem westlichen Tannheimer Tal begrenzt. Die Grenze zu den Tannheimer Bergen bildet das von Pfronten nach Grän verlaufende Engetal.

### Daumengruppe
Zwischen dem Illertal und dem Hintersteiner Tal sowie dem Ostrachtal und dem Oytal lockt die spannende und großteils unter Naturschutz stehende Daumengruppe mit ihrem Abwechslungsreichtum Bergwanderer der unterschiedlichsten Richtungen an. Für Liebhaber kombinierter Rad- und Bergtouren stellt

*Hinter dem Weidegebiet der Gaisalp zeigen sich Erhebungen der Daumengruppe.*

die Gruppe sogar das Ideal eines Tourengebietes dar. Während sich in der Nordwestecke noch ein paar gemütliche, waldreiche Halbtagesziele erheben, zeigt das fesselnde Bergrevier jenseits des romantischen Retterschwangs seinen unverkennbar alpinen Charakter. Die schroffen und überwiegend spitz geformten Hauptdolomitgipfel mit dem bulligen Großen Daumen sind durch wilde Zackenkämme verbunden. Als Besonderheit der Daumengruppe gelten auch die bezaubernden Bergseen. Der Engeratsgundsee, der Seealpsee und die beiden Gaisalpseen gehören zu den schönsten Seen der Allgäuer Alpen.

### Kleinwalsertal

Ein vom Bregenzerwaldgebirge herüberziehender Lappen widerstandsfähiger Helvetischer Kreide einerseits, das grasige Antlitz der südlichen Allgäuer Flyschzone andererseits und der deutlich dem Verfall preisgegebene Hauptdolomit des kalkalpinen Bereichs gestalten zusammen das von tief eingefressenen Tobeln zerschnittene Entdeckungsreich zu beiden Seiten des freundlichen Kleinwalsertals. Die junge Breitach entwässert diesen weitgehend auf Vorarlberger Staatsgebiet gelegenen Südwestzipfel der Allgäuer Alpen, der auf dem Tannberg, im Quellgebiet der Bregenzer Ach, an das wilde Lechquellengebirge grenzt. Der Wanderer hat die Wahl. Die einen suchen die einzigartige Karsteinsamkeit des unter Naturschutz gestellten Gottesackerplateaus. Andere wiederum ziehen die Steilgrasberge und blumenreichen Grathöhen wie den Fellhornkamm vor. Oder sollen es dominierende Felsenburgen wie etwa der alles überragende Große Widderstein sein?

*Gehrenspitze am Eingang ins Raintal.*

### Tannheimer Berge

Die Tannheimer Berge erfreuen sich als Untergruppe der Allgäuer Alpen überaus großer Beliebtheit. Die meisten der im Südteil dolomitenartigen Charakterberge sind auf markierten Steigen zugänglich. Das östliche Tannheimer Tal, das Engetal, das untere Vilstal und das vordere Lechtal umschließen dieses weithin leuchtende Zackenreich mit den scharfen Graten, Kanten und Pfeilern. Aggenstein, Rote Flüh und der Hauptgipfel Kellespitze sind die bedeutendsten »wanderbaren« Ziele. Ganz ohne Handanlegen ist keiner dieser reich umworbenen Rang-und-Namen-Berge zu ergattern. Eines der eindrucksvollsten Hochtäler in den Allgäuer Bergen, das Raintal, trennt die überdimensionalen Nordwände des Tannheimer Hauptkamms von den weniger spektakulären Bergen im Nordteil der Gruppe. Die Große Schlicke und das Brentenjoch zählen zu den prächtigsten Aussichtsbergen zwischen Bodensee und Lech.

## Vilsalpseeberge

Südlich des Tannheimer Tals dehnen sich zwischen dem Vilsalpsee und dem Lechtal bis hin zum Schwarzwassertal die Tiroler Vilsalpseeberge aus. Dieses verhältnismäßig kleine, mit einem üppigen Wegenetz ausgestattete Bergrevier fällt durch seine hochgelegenen Alpweiden auf und erfreut den Besucher mit romantischen Winkeln und einem beachtlichen Blumenreichtum. Nur der Hauptgipfel, die Leilachspitze mit ihren kühnen Trabanten, den Luchsköpfen, und die Lachenspitze sowie der Litnisschrofen zeigen ein ausgesprochen felsiges Gesicht. Die anderen, geologisch verschiedenartig gebauten Erhebungen sind zwar eindrucksvoll spitz geformt, aber oft bis obenhin mit Grasmänteln gekleidet. Für den etwas geübten Bergfreund stellen sie allesamt keine großen Schwierigkeiten dar.

## Allgäuer Hauptkamm

Im Grenzkamm zu Tirol, dem Allgäuer Hauptkamm und seinen Nebenästen, herrscht Hauptdolomit vor. Ein recht zerklüftetes und stark verwitterndes Gestein, das nur ein spärliches Vegetationskleid hervorbringt. Überall zeugen zerborstene Wände, öde Schuttströme und trümmerübersäte Karwannen von der Vergänglichkeit dieser so gewaltig erscheinenden Berge. Die bayerische Seite des Hauptkamms, der sich vom Oberjoch bis nach Warth erstreckt, wurde zum Naturschutzgebiet Allgäuer Hochalpen ausgewiesen. In der südlichen Hälfte fallen neben den berühmten Felsbergen die supersteilen Flanken und Gratschneiden aus Aptychenkalk, Fleckenmergel und Hornsteinen auf, die höchsten und elegantesten Allgäuer Grasberge: Schneck und Höfats, Rauheck und Kreuzeck so-

*Der Traualpsee, die Perle der Vilsalpseeberge.*

*Die Südwestabstürze des Säulings (Ammergauer Alpen).*

wie der Linkerskopf. Hier, auf dem Rückgrat der Allgäuer Alpen, finden wir außer dem in der Hornbachkette benachbarten Regenten selbst, dem Großen Krottenkopf, die höchsten Gipfel überhaupt. Hochvogel, Mädelegabel, Hohes Licht und Biberkopf sind die bedeutendsten. Vier gefragte Alpenvereinshütten machen mehrere begehrte Gipfeltouren ohne jeglichen Gewaltakt möglich. Sie bieten sich darüber hinaus für eine unvergessliche Allgäu-Trekking-Tour an wie etwa auf dem herrlichen Jubiläumsweg oder dem Heilbronner Weg. Mit Hilfe des Mountainbikes kann man darüber hinaus den einen oder anderen namhaften Berg, vorausgesetzt die Kondition spielt mit, locker auch an einem Tag bewältigen.

## Ammergauer Alpen

Die Ammergauer Alpen, das größte Naturschutzgebiet Deutschlands, stellen zwar ein eigenständiges Gebirge dar, gehören aber politisch zu einem ansehnlichen Teil zum Landkreis Ostallgäu, sind also zumindest bis etwa zur Großen Klammspitze und inklusiv der Trauchberge echte Allgäuer Wanderberge. Die meisten Gipfel in dem sowohl landschaftlich als auch geologisch abwechslungsreichen Gebirge begeistern zudem als ganz vortreffliche Aussichtswarten. In den westlichen Ammergauern ist alles auf engstem Raum versammelt: international bewunderte Schlösser-Romantik, verschwiegene Waldtäler mit rauschenden Wildbächen und Wasserfällen, respekteinflößende und schrofendurchsetzte Grasflanken, scharfe Grate und kantige Türme, himmelstrebende Wände und kühne Felsspitzen. Wer kennt nicht den wuchtigen Säuling, die breitgelagerte Hochplatte und das »Ammergauer Matterhorn«, den kühn gestalteten Geiselstein, zumindest vom Tal aus?

Bregenzerwald

# 1 Hirschberg, 1095 m
## Rundtour über Hirschbergsau

| 4.15 Std. | 14,0 km | ↗ 570 m | ↘ 570 m |

### Wo sich Allgäu und Bregenzerwald berühren

*Eigentlich gehört der Hirschberg, eines der schönsten Bergwanderziele des Westallgäuer Dörfchens Scheffau, nicht mehr zum Bregenzerwaldgebirge. Andererseits zählt er, ebensowenig wie der Pfänder oder der Hochberg, auch nicht zu den Allgäuer Alpen. Touristisch betrachtet liegt das liebenswerte Gipfelchen im Grenzbereich zwischen den Fremdenverkehrsregionen Bodensee-Rheintal und Bregenzerwald. An und für sich kann uns die geografische Zuordnung dieses höchsten Berges in dem wenig bekannten Wandergebiet, das vom Bodensee, der bayerischen Grenze sowie von der Bregenzer Ach und der Weißach umschlossen wird, auch ganz egal sein. Und der Hirschberg wird sich über unseren kleinkarierten Ordnungssinn sowieso nur amüsieren.*

*Schlussanstieg zum Hirschberg.*

**Ausgangspunkt:** Scheffau (Ortsteil von Scheidegg), Postwirt (Bushaltestelle), 674 m. Mit dem Bus von Lindenberg erreichbar.
**Anforderungen:** Kurze steile Anstiege. Wander- und Forstwege, Pfade sowie Anliegersträßchen.
**Einkehr:** Hirschbergalpe.

Wir starten in **Scheffau** ❶ an der Bushaltestelle beim Postwirt und wandern rechts an der Kirche mit dem weithin grüßenden Zwiebelturm bergauf. Nach der Straßenkuppe dirigiert uns beim Sportplatz der Wanderwegweiser zum Hirschberg in den Moosweg. Beim letzten Haus geht es auf einem Wirtschaftsweg weiter und nach einer Wiesenquerung, stets hervorragend bezeichnet, auf einem Wanderweg durch den Mischwald hinunter zum alten Scheffauer Steg über den Kesselbach, 600 m. Ein unmarkierter Steig klettert nun, teils über Holzstufen, steil am Bachtobel bergauf. Dieser beschreibt die Grenze zwischen Bayern und Vorarlberg. Die weiterhin vorbildliche Wegweisung leitet uns durch den weltabgeschiedenen Weiler **Hirschbergsau** ❷, 677 m, Richtung Unterhirschberg.

Anschließend spazieren wir auf dem bequemen Anliegersträßchen bergan durch Mischwald. Bei den beiden Anwesen von **Wart** ❸, 810 m, wechselt die Route in einen Alpweg. Eine schöne Aussicht ergibt sich nun aufs hügelige Wald- und Wiesenmosaik des Allgäuer-Vorarlberger Alpenvorlandes und zu den Nagelfluhbergen. Oberhalb der Wiesenhänge kommen wir wieder durch einen Wald. Von der Anhöhe nahe dem Alpgebäude Unterhirschberg schweift der Blick hinüber zu den Erhebungen des Bregenzerwaldgebirges. Weit unter uns leuchtet der Scheffauer Kirchenzwiebelturm. Das Wandertäfelchen weist uns hier auf einen Pfad. Der Kurs quert einen Waldweg und leitet nach einem etwas steileren Aufschwung auf einer Weidespur an der **Hirschbergalpe** ❹, 1050 m, vorbei auf den abgerundeten **Hirschberg** ❺, 1095 m, mit Kreuz und Kapelle. Die Aussicht kann sich durchaus sehen lassen: der Allgäuer Hauptkamm, der Pfänderturm, die Schweizer Berge mit dem wuchtigen Säntisstock.

Wir wandern nun gemütlich auf dem Pfad in Richtung Ahornach talwärts über Weidehänge, am Anfang aufs Rheintal zu, und folgen dem breiten Wanderweg in den Wald hinein. Ab zwei Privathüttchen geht es auf einem Alpweg weiter zu den beiden Häusern von **Ahornach** ❻, 961 m. Dort nehmen wir das Privatsträßchen bergab über Lichtungen in Richtung Feßlerberg. Am Ortsschild »Gretaloch« gehen wir links nach **Birkenberg** ❼, 810 m. Ein Waldweg führt uns von dort Richtung Hirschbergsau hinunter zu einer Gabelung, wo wir am Hang entlang zu den Höfen von **Hegisberg** ❽, 720 m, wandern. Mit einem kleinen Gegenanstieg treffen wir bald darauf wieder in **Hirschbergsau** ❷ ein, wo wir die bekannte Route zurück nach **Scheffau** ❶ nehmen.

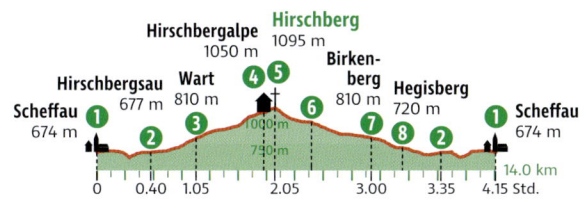

Allgäuer Alpenvorland

## 2 Riedholzer Kugel, 1066 m
### Durch den Eistobel

| 3.00 Std. | 8,8 km | ↗ 410 m | ↘ 410 m |    |

*Kleines Bergziel zwischen Oberer und Unterer Argen*
*Der mit Abstand spannendste Aufstieg zur Riedholzer Kugel, einem hervorragenden Aussichtsgipfel, führt durch das romantische Naturschutzgebiet des Grünenbacher Eistobels. Die Obere Argen zeigt sich auf diesem Abschnitt von ihrer wildesten Seite. Im Winter beeindruckt die abenteuerliche Unterwelt des dann offiziell gesperrten Tobels mit bizarren Eisbildungen. Ein Erdbeben hatte in diesem Gebiet dereinst eine Verwerfung der tertiären Molasseschicht verursacht. Nach der letzten Eiszeit durchbrachen die Schmelzwasser des einstmaligen Rheingletschers den Höhenzug Iberg – Kapf. Der anschließende Erosionsprozess bildete letztendlich die enge Talkerbe aus.*

**Ausgangspunkt:** Eistobelbrücke (Bushaltestelle), 700 m, an der Staatsstraße von Grünenbach nach Maierhöfen. Mit dem Bus von Isny erreichbar.

**Anforderungen:** Teilweise gesicherte Wanderwege und Pfade, Ziehwege und kurze Sträßchen. Leichte Anstiege.
**Einkehr:** In Riedholz.

Startpunkt ist die Bushaltestelle bei der **Eistobelbrücke** ❶. Ein oft gesicherter Wanderweg verläuft nach dem Kassendurchgang über Stufen und einen Steg unter der riesigen Eistobel-Kaskaden der Argen.

Brücke hindurch zur **Oberen Argen** ❷, 660 m, mit kleiner Höhle. Bald schon verengt sich der Taleinschnitt zum Tobel. Ein Wasserschleier braust über eine Felsstufe. Kurz darauf nimmt der sogenannte Zwinger, eine enge Kluft mit großem Wasserfall unter einer beachtlichen Sandsteinwand, das Flüsschen erbarmungslos in die Zange. Nagelfluhtrümmer legen sich der Argen in die Quere. Wir kommen zu einer Reihe prächtiger Kaskaden mit tiefen Gumpen. Hier setzt über den **Eissteg** ❸, 710 m, der Aufstieg Richtung Kugel an. Durch Mischwald geht's bergan zum Tiefblick über einer teils lotrecht abbrechenden Nagelfluhwand. Wir achten an der anschließenden Kreuzung auf die Beschilderung »Hohenegg – Kugel« und folgen dem Fahrweg zum Natursträßchen durch Nadelwald nach **Hohenegg** ❹, 900 m. An einer Gabelung wählen wir Richtung Kugel den linken Ziehweg. Plötzlich öffnet sich der Blick zu den Allgäuer Alpen und ins Bregenzerwaldgebirge. Nach einer umfassenden Westallgäu-Aussicht folgt ab dem Iberg-Skilift ein Pfadabschnitt. Dann geht es über den bewaldeten Höhenrücken zum unscheinbaren Gipfel der **Riedholzer Kugel** ❺, 1066 m, den man zum Schluss links auf einer Wiesenspur erreicht.

Ein mit blauem Punkt markierter Wurzelpfad leitet uns nach erholsamer Rast über einen Waldrücken, einen Forstweg querend, hinunter nach **Riedholz** ❻, 730 m. Dort orientieren wir uns am Wegweiser Richtung Eistobel und wandern auf einem Sträßchen zur Staatsstraße und auf einem Radweg zurück zur **Eistobelbrücke** ❶ mit atemberaubendem Blick zum noch recht ursprünglichen Lauf der Oberen Argen.

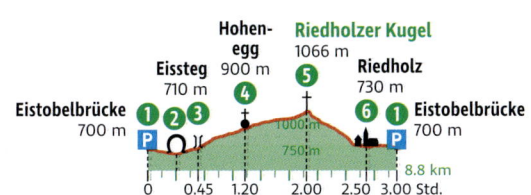

Allgäuer Alpenvorland

## 3 Salmaser Höhe, 1254 / Thaler Höhe, 1166 m
**Rundtour über die Michelesalp**

| 3.30 Std. | 9,2 km | ↗ 545 m | ↘ 545 m |   |

### *Erholsamer Bergbummel aus dem Konstanzer Tal*

*Alpseesenke mit Salmaser Höhe.*

Nördlich des anmutigen Konstanzer Tals erheben sich zwischen Oberstaufen und dem Alpsee über Mischwaldhängen die kahlen Bergkuppen der Salmaser und der Thaler Höhe. Auch wenn sich diese beiden Halbtagesziele von der Deutschen Alpenstraße aus betrachtet ziemlich unscheinbar geben, kommt ihnen als Aussichtsbergen durchaus ein gewisser Stellenwert zu. Vor allem der Tiefblick von der Salmaser Höhe auf die typische Oberallgäuer Tallandschaft und zu dem mit bunten Segeln gesprenkelten Alpsee ist es, der die Wanderer anlockt.

**Ausgangspunkt:** Wiedemannsdorf (Ortsteil von Oberstaufen), Schullandheim Adler (Bushaltestelle), 755 m. Mit dem Bus von Immenstadt oder Oberstaufen erreichbar.
**Anforderungen:** Alp- und Ziehwege sowie Pfade. Ein steiler Aufschwung.
**Einkehr:** Alpe Schneidberg.

An der Bushaltestelle beim Schullandheim Adler im östlichen Ortsteil von **Wiedemannsdorf** ❶ gibt uns der Wanderwegweiser »Salmaser Höhe« den Kurs an. Kurz darauf zweigt Richtung Salmaser Höhe ein Ziehweg ab, der in zwei weiten Schleifen die steilen Weidehänge überwindet. Bereits von hier gewinnt man schöne Tiefblicke ins Konstanzer Tal. Jenseits erstreckt sich zwischen Denneberg und Immenstädter Horn der Prodelkamm. Wir kommen an der **Wannerlesalp** ❷, 880 m, vorbei und schlendern ein Stück durch Mischwald, an einem tief eingeschnittenen Bachtobel entlang. An einer Gabelung halten wir uns weiterhin Richtung Salmaser Höhe und treffen bei der **Michelesalp** ❸,

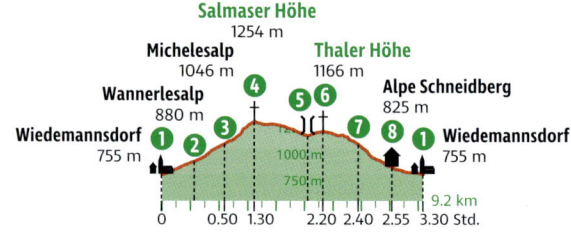

Allgäuer Alpenvorland

1046 m, ein. Nun geht's wieder über Alpgelände auf den bereits sichtbaren Gipfel zu. Der Blick zu den westlichen Rindalpen wird frei. Vom Alpwegende überschreiten wir ein Bächlein und mühen uns auf einem Steig den steilen Gipfelhang empor zu einer Schulter. Eine kraftsparende Kehre leitet uns zum Kreuz der **Salmaser Höhe** ❹, 1254 m. Über dem Alpsee erhebt sich der unverkennbare Grünten. Ein Bild, das man in Ruhe genießen muss.

Kurzweilig spazieren wir jetzt Richtung Thaler Höhe östlich leicht bergab über den licht bewaldeten Kamm. Der Oberallgäuer Rundwanderweg, ein reizvoller Pfad, schenkt weite Ausblicke über das Westallgäuer Hügelland. Im Norden erkennt man den langgezogenen Hauchenberg. Nach einem Aussichtspunkt senkt sich der Weg durch ein Wäldchen zu einem **Sattel** ❺, 1120 m. In Kürze gelangt man zur **Thaler Höhe** ❻, 1166 m. Von hier fällt der Höhenzug zum Stixner Joch ab.

Zurück am **Sattel** ❺ begeben wir uns auf den geteerten Alpweg Richtung Thalkirchdorf. Auch in der folgenden Kehre bleiben wir der Thalkirchdorfer Route treu und wandern auf einem Pfad über ein Weidegelände hinunter zur einfachen **Schwandalp** ❼, 1040 m, oder Eggersalp. Unser Kurs wechselt dort in einen Ziehweg, der zu Beginn durch lichten Wald, später wieder über Viehweiden zur **Alpe Schneidberg** ❽, 825 m, führt. Ein Fahrweg leitet uns dann hinunter ins Konstanzer Tal. Nach der Bachbrücke genießen wir den letzten Tourenabschnitt auf einem vergnüglichen Wanderweg am Fuß des Berges entlang, zurück zum Ausgangspunkt in **Wiedemannsdorf** ❶.

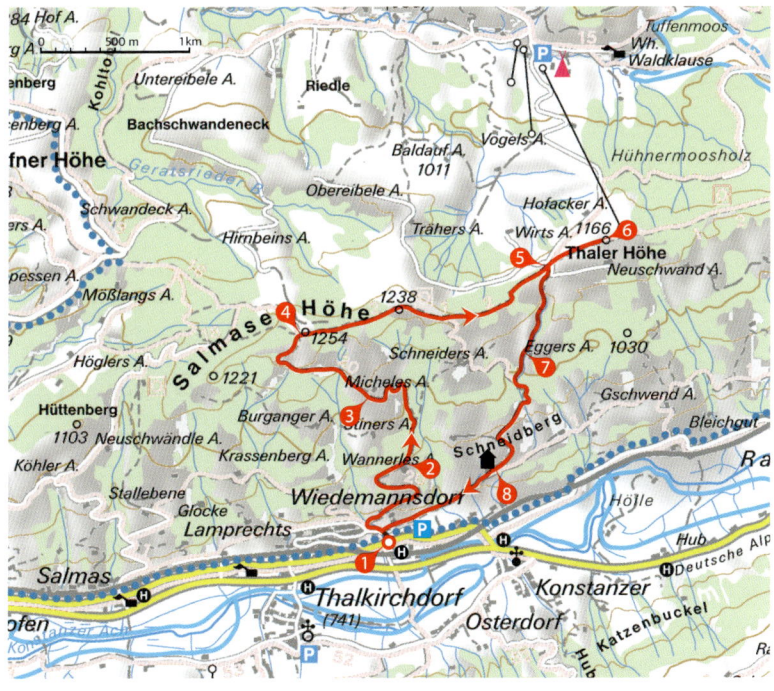

Allgäuer Alpen

# 4 Immenstädter Horn, 1489 m
### Rundtour über die Kanzel und Rieder

| 5.30 Std. | 11,7 km | ↗ 860 m | ↘ 860 m |

*Kurzweilige Vorgebirgswanderung mit Alpsee-Tiefblick*

*Von welcher Seite man auch immer den harmlos wirkenden Waldberg über dem Alpsee betrachten mag, das Immenstädter Horn macht seinem Namen ganz und gar keine Ehre. Dieser Eindruck könnte zu dem Irrglauben verleiten, das Horn wäre höchstens was für einen verregneten Sonntagnachmittag. Doch ganz im Gegenteil! Der Immenstädter Hausberg bietet gleich mehrere abwechslungsreiche Aufstiege, wahlweise entweder durch einen abenteuerlichen Wildbachtobel, durch respektabel aufsteilende, fürs Allgäu eher untypische Mischwälder oder romantische Alpkessel mit besonders im Frühjahr eindrucksvoll rauschenden Wasserfällen. Und wer sich nach einer Überschreitung von Rieder aus für den Hornweg als Rückweg entscheidet, der wird an dem wilden Verhau entlang der rutschgefährdeten Nordflanke seine wahre Freude haben.*

**Ausgangspunkt:** Immenstadt, Bahnhof, 729 m. Mit dem Zug von Kempten erreichbar.
**Anforderungen:** Langer Steilaufstieg. Steige und Pfade sowie Zieh- und Alpwege, kurz verkehrsfreie Straße.
**Einkehr:** Hochbergalp, Bühl am Alpsee.

Das Immenstädter Horn lässt sich ideal mit dem Zug erreichen. Der Bahnhof von **Immenstadt** ❶ liegt unmittelbar am Bergfuß. Wir halten uns ganz kurz Richtung Stadtmitte und nehmen die Fußgänger-Bahnüberführung. Die Adolph-Probst-Straße leitet uns geradeaus zum Friedhof. Am Ausgang des Steigbachtobels folgen wir dem Wanderweg Richtung Kanzel. Dieser wechselt kurz später in einen reizvollen Steig. Kraftsparende Kehren winden sich, teils mit Holzstufen leichter begehbar gemacht, durch den Mischwald, am stadtnahen Bergsturzgebiet entlang, über den Steilhang hinauf. Zwischendurch säumen wilde Nagelfluhfelsen die spannende Route. Ein Aufstieg, der auch bei Kindern bestens ankommt. Nach oben zu gestaltet sich die Unternehmung weniger anstrengend.

Fasziniert steht man plötzlich an der Rastbank der **Kanzel** ❷, 1166 m, und genießt von dem durch ein Geländer gesicherten Felsvorsprung die anregende Tiefe. Was für eine Schau auf das Städtle und die beiden Alpseen! Bereits für dieses Zwischenziel haben sich die Aufstiegsmühen gelohnt. Die Höhenzüge von Hauchenberg und Rottachberg verleihen dem Wald- und Wiesenpuzzle des Illertals einen wirksamen Rahmen. Wer früh genug dran ist, kann sich hier ungestört die herrlichen Ausblicke sowie die Brotzeit schmecken lassen.

Unter einem Felsriegel schwingt sich der Anstiegskurs empor zu einem Gedenkkreuzchen. Anschließend weist uns die Beschilderung zum Immenstädter Horn auf einen flachen Forstweg. Auch auf die Hindelanger Berge gibt das Geäst jetzt manchmal den Blick frei. Unsere Route wechselt im Fichtenwald, kurz vor dem Wegende, wieder in einen Steig, der nun gemütlich zum teils bewalde-

*Immenstädter Horn vom Illertal aus.*

ten **Immenstädter Horn** ❸, 1489 m, führt. Neben einem erneuten hervorragenden Alpsee-Tiefblick erfreut uns eine schöne Aussicht ins Konstanzer Tal und zu den Nagelfluhbergen. Die in der Karte eingetragene Ingolstädter Hütte erweist sich als kleiner Wetterschutz.

Der Wegweiser »Alpe Kessel« zeigt die Abstiegsrichtung an. Der grasige Pfad führt über licht bewaldete

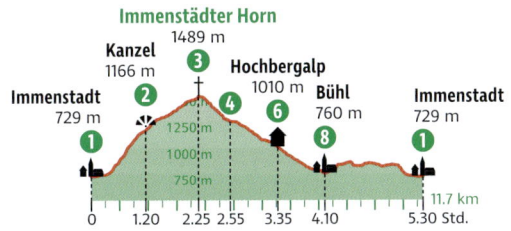

*Bei der Kesselalp.*

Weidehänge an den Steilabbrüchen entlang. Unterhalb erfüllt das Konzert eines Wasserfalls die sonnige Hochmulde. Von der **Kesselalp** ❹, 1250 m, einem verträumten Flecken, geht es an einem anderen, mehrstufigen Wasserfall leicht bergab Richtung Rieder.
Im weiteren Verlauf folgen wir einem Ziehweg durch Mischwald. An der **Alp Rabennest** ❺, 1090 m, und der **Hochbergalp** ❻, 1010 m, vorbei – wieder gibt's einen tosenden Wasserfall zu bestaunen – bummeln wir auf einem Alpweg über Weidegelände hinunter nach **Rieder** ❼, 800 m. Über die nüchterne, kostengünstig hingeklatschte Feriensiedlung kann man nur den Kopf schütteln. Wie man allerdings sieht, gibt es tatsächlich Gäste, die sich in einer solchen kasernenartigen Umgebung wohlfühlen: Allgäu-Urlaub einmal anders. Bringen wir's – die steile Straße bergab marschierend – hurtig hinter uns. In **Bühl am Alpsee** ❽, 760 m, achten wir kurz vor dem Einmünden in die Bundesstraße auf den Wanderwegweiser des abzweigenden Hornwegs nach Immenstadt. Der vom Ortsende an einer Wildfütterung vorbeiführende Wanderweg verschmälert sich nach dem Bachsteg zum Pfad. Zu allem Übel beschert uns der ohnehin weit ausholende Rückweg auch noch einen Anstieg. Eine kurze Mühe, die sich lohnt. Denn die meist flache Route an der steilen, bewaldeten Nordflanke des Horns entlang ist alles andere als langweilig. Nochmals wird ein Tobel, 860 m, gequert. Dann überspannen weitere Stege urige, felsige Bacheinschnitte mit kleinen Wasserfällen. In dieser abenteuerlichen Umgebung vergisst man ganz, über die müden Knochen zu jammern. An einer Gabelung auf die Beschilderung »Hornweg – Immenstadt« achtend, mündet unser spannender Weg bald darauf in die bekannte Route zurück nach **Immenstadt** ❶.

Allgäuer Alpen

# Steineberg, 1660 m
## Rundtour über die Vordere Krumbachalp

**5**

| 4.30 Std. | 11,6 km | ↗ 770 m | ↘ 770 m |

### Steiniger Berg im Naturpark Nagelfluhkette

*Senkrecht, ja sogar überhängend bricht die dunkle Wand des Steinebergs nach Norden hin ab. Und auch das vorgelagerte Gelände zeigt viel Bewegung. Kühne Felsköpfe, kleine Grate und Rippen gliedern die Molasse-Landschaft. Das ist der Naturpark Nagelfluhkette. Die schrägen Rampen des Berges kennzeichnen den Charakter der Nagelfluhschichten. Das zusammengebackene Geröll, Konglomerat genannt, verleiht dem Gebirgskamm vom Mittag bis zum Hohen Häderich eine Ausnahmestellung im Bereich der Allgäuer Alpen. Die Nagelfluh baut sonst, abgesehen von Einzelgipfeln, nur noch die Balderschwanger Kette auf. Wer den Steineberg aus der Nähe betrachtet, dem fallen die wie Nagelköpfe aus dem Verband hervorstehenden, verschiedenartigen Steine auf. Diese haben der Nagelfluh ihren Namen gegeben. Man kann also berechtigt von einem steinigen Berg sprechen.*

**Ausgangspunkt:** Gunzesried (Ortsteil von Blaichach), Bushaltestelle am Gasthaus zum goldenen Kreuz, 889 m. Mit dem Bus von Sonthofen erreichbar.
**Anforderungen:** Kurze steile Anstiege. Alpwege und Steige. Für die Gipfelleiter Trittsicherheit und Schwindelfreiheit erforderlich, auch Aufstieg ohne Leiter möglich (über den Westgipfel).
**Einkehr:** Vordere Krumbachalp.

*Luftig gestaltet sich der Leiteraufstieg zum Steineberg.*

Vom Gasthaus zum goldenen Kreuz in **Gunzesried** ❶ folgen wir dem Sträßchen und ab dem Ortsende einem Alpweg in Richtung Wiesach. Wer zur Dürrehornalp den steileren Direktanstieg vorzieht, kann auch den in Richtung Steineberg beschilderten, aber unangenehm ausgewaschenen Hohlweg nehmen. Über Alpweiden und entlang eines Waldhangs kommen wir, die Beschilderung »Vordere Krumbach-Alpe« beachtend, zur **Winkelwiesenalp** ❷, 1080 m.

Der Kurs steigt bald darauf über die steilen Weidehänge empor zur **Dürrehornalp** ❸, 1150 m. An der nachfolgenden Weggabel halten wir uns an den E 5 und erreichen die **Vordere Krumbachalp** ❹, 1325 m, unterhalb des Bärenkopfs.

Nun geht's ohne große Steigung hinauf zum **Sattel** ❺, 1410 m, auf dem vom Mittag kommenden Kamm. Gipfelsammler haben von hier »schnell noch den Bärenkopf »abgehakt«. Wir dagegen streben auf dem kurzweiligen, mit Holzstufen und ein

paar Metall-Tritthilfen angelegten Steig an den Steilabbrüchen entlang dem Steineberg zu. Der Wald reicht vom Steigbachtal bis zur Grathöhe hinauf. Nach einer drahtseilgesicherten Passage geht es direkt unter den Nagelfluh-Gipfelwülsten zu einer langen, nach obenhin fast lotrechten Leiter (kann umgangen werden), die den Zugang zum Kreuz auf dem **Steineberg** ❻, 1660 m, ermöglicht. Überraschend informativ ist der Einblick zur langen Kette der Allgäuer Hochalpen. Draußen im Unterland kann man mit dem Auge ab Immenstadt ein Stück dem Lauf der Iller folgen.

Die südseitigen, mitunter felsdurchsetzten Abstiegskehren leiten uns an der **Grathöflealp** ❼, 1540 m, und am zackigen Schichtkopf der »Kirche« vorbei zur Einmündung in den steilen Alpweg nahe der Unterkirchealp. Durch den Wald hinunterspazierend mündet unser Rundkurs oberhalb der **Dürrehornalp** ❸ wieder in die Aufstiegsroute von **Gunzesried** ❶.

*Die »Kirche«, ein Felszahn bei der Grathöflealp.*

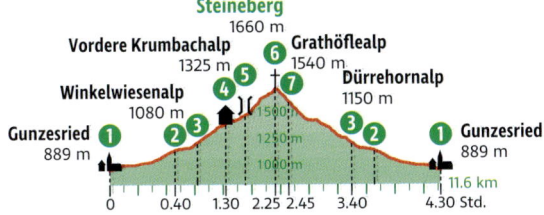

Allgäuer Alpen

# 6 Grünten, 1738 m
## Durch das Wustbachtälchen

**TOP** | 5.15 Std. | 10,2 km | ↗ 990 m | ↘ 990 m |

*Der Allgäuer liebstes Kind am Eingang ins obere Illertal*

*Wer von Kempten hinein in die Berge schaut, der sieht zuerst mal den Grünten, eine hübsche Pyramide mit breit gelagerten Graten und einem aufgesetzten rot-weißen Gitterturm des Bayerischen Rundfunks. Von Osten dagegen erscheint der aus Schrattenkalk gebaute Hauptgipfel, Übelhorn genannt, mit seinen zwei Schwingen wie eine ferngesteuerte Miniatur-Ausgabe des Hochvogels. Besonders wegen seines Rangs als bedeutende Allgäuer Aussichtsloge, aber auch wegen der Versteinerungen und seltenen Flora steht der »Wächter des Allgäus« bei den Einheimischen in der vordersten Reihe der Lieblingsgipfelziele. Ist man am Nachmittag noch zu einer spannenden Klettereinlage aufgelegt, sollte man vielleicht die Mini-Via-Ferrata auf den frechen Schrofenzacken des Burgberger Horns (auch Kreuzelspitz genannt) ausprobieren.*

**Ausgangspunkt:** Burgberg-Ortsmitte, 751 m. Mit dem Bus von Sonthofen erreichbar.

**Anforderungen:** Steilstücke. Wander- und Waldwege, Steige und Pfade.
**Einkehr:** Grüntenhaus (Übernachtung).

Wir gehen von der Bushaltestelle in der Ortsmitte von **Burgberg** ❶ die Grüntenstraße hinauf und biegen in den Bachtelweg ab. Der Wegweiser Richtung Grünten lenkt uns auf einen amüsanten Wanderweg, der über Stufen kletternd und mehrmals auf Stegen das Ufer wechselnd am kleinen Bergbach entlang bergan durch einen schattigen Mischwald-

*Auf dem Gipfel des Grünten.*

tobel führt. Nach der Straßenquerung nimmt uns Richtung Grünten ein Waldweg auf, der geradeaus in einen breit ausgetretenen Steig übergeht. Dieser zieht sich durch den Hochwald empor. Zwischendurch quert ein Forstweg. Später folgen wir einem weiteren und wechseln das Wustbachufer. Auf einem steinigen Zickzack-Wanderweg geht es, im oberen Bereich meist über sonnige Weideböden, durch eine Mulde hinauf zum **Grüntenhaus** ❷, 1535 m, der allerersten Touristenunterkunft in den Allgäuer Bergen. Nach dem langen Waldaufstieg wird man sich hier eine verdiente Erfrischung nicht entgehen lassen.

Ein Pfad quert nun die Viehweiden flach in westlicher Richtung und steigt durch einen Waldstreifen an. Danach leitet er empor zum Grünten-Vorgipfel mit den Sendeanlagen des Bayerischen Rundfunks. Die Schlussetappe führt unter der Materialseilbahn hindurch und über steiles Grasgelände in der Nordwestflanke zum Jägerdenkmal auf dem **Grünten** ❸, 1738 m, genauer gesagt: auf dem Übelhorn.

Auf demselben Weg geht es zurück nach **Burgberg** ❶.

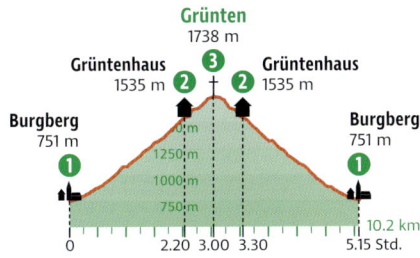

Allgäuer Alpen

# 7 Hoher Häderich, 1566 m
## Rundtour aus dem Bolgenachtal

| 4.15 Std. | 10,9 km | ↗ 750 m | ↘ 750 m |

### Westlichster Gipfel der Allgäuer Alpen

*Der Hohe Häderich, auch Hochhäderich genannt, ist die westlichste Erhebung der Nagelfluhkette und, abgesehen von ein paar untergeordneten Waldkuppen, gleichzeitig der westlichste Allgäugipfel. Aus dem Tal der Bolgenach streben zwei einsame Routen dem aussichtsreichen Grenzgipfel zu, die sich hervorragend zu einer Runde verbinden lassen, eine über die Lochalp, die andere über die Urschlabodenalp. Die Route über die Urschlabodenalp führt an jäh abbrechenden Felsfluhen vorbei und beinhaltet kurze, ausgesetzte Drahtseilpassagen. Bleibt nach einer empfehlenswerten Einkehr im knapp unter dem Gipfel gelegenen Alpengasthaus Hoch-Häderich noch Zeit für eine Erweiterung: Der schmale Übergang zum benachbarten Falken erweist sich als würzige Zugabe für trittsichere Bergwanderer.*

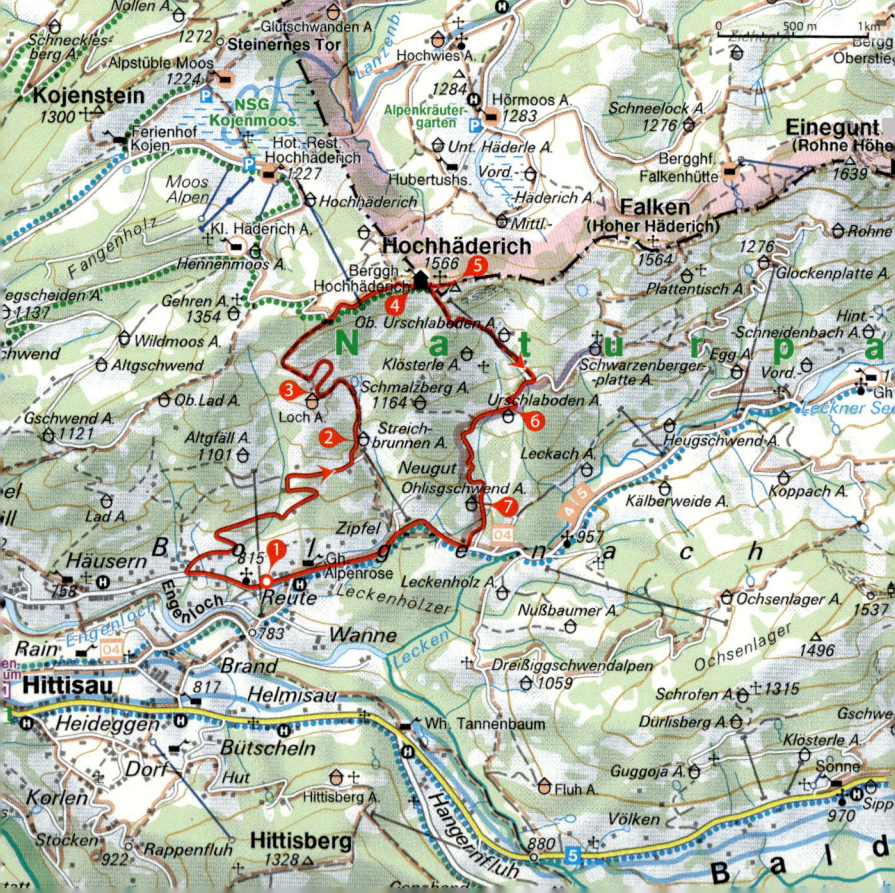

**Ausgangspunkt:** Reute (Ortsteil von Hittisau), Gasthaus Alpenrose (Bushaltestelle), 820 m. Mit dem Bus von Hittisau erreichbar.
**Anforderungen:** Aufstieg einfach mit kurzen Steilstücken. Für den Abstieg sind an ausgesetzten Felsstellen Achtsamkeit und Trittsicherheit erforderlich. Alp- und Ziehwege sowie Steige. Vorsicht bei Nässe!
**Einkehr:** Alpengasthaus Hoch-Häderich (Übernachtung).

Den Hittisauer Weiler **Reute** ❶ erreicht man, wenn man in Hittisau Richtung Krumbach, Bolgenach fährt und nach der Bolgenachbrücke ins Lecknertal abbiegt (beschränkte Parkmöglichkeit in der Straßenerweiterung kurz vor der Kapelle). – Wanderer, die mit dem Bus anreisen, starten kurz danach, an der Bushaltestelle beim Gasthaus Alpenrose. Wir folgen der Straße erst wieder eine Weile talauswärts. Hinter der Bachbrücke, ein Stück westlich der Kapelle, begeben wir uns auf den geteerten Güterweg Streichbrunnen, der in wenigen Kehren über die Bergweiden emporführt. Jenseits des Bolgenachtals erhebt sich das Waldtrapez des Hittisbergs, links davon zeigen sich der Hohe Ifen und die Oberen Gottesackerwände. Harmonisch fügt sich das auf einer Wiesenterrasse angesiedelte Hittisau, die Metropole des Vorderen Bregenzerwaldes, in das liebliche Landschaftsbild ein. Im weiteren Verlauf geht's teils durch Mischwald,

*Die Vorarlberger Seite des Hohen Häderich.*

teils über kleine Weideflecken. Wir bleiben dabei dem Hauptweg zu den Hütten der **Streichbrunnenalp** ❷, 1080 m, treu, wo die offizielle Wanderroute einmündet. Auf dem nun geschotterten Weg queren wir ein mit Nagelfluhblöcken übersätes Alpgelände – ein recht wilder Verhau. Von der bald darauf erreichten **Lochalp** ❸, 1210 m, folgen wir anfangs einem Ziehweg und stoßen an einem Brunnen auf einen markierten Grassteig. Dieser leitet später durch lockeren Fichtenwald empor und mündet in einen Güterweg, in den

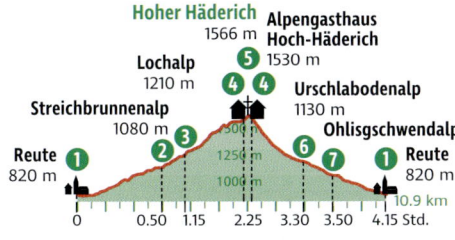

wir bergan einschwenken. Plötzlich schimmert der Spiegel des Bodensees zu uns herauf. Bald treffen wir beim **Alpengasthaus Hoch-Häderich** ❹, 1530 m, ein. Wenige Minuten sind es dann nur noch auf dem Pfad hinauf zum Gipfelkreuz auf dem **Hohen Häderich** ❺, 1566 m, an der vorarlbergisch-bayerischen Grenze.

Zurück am **Alpengasthaus** ❹ wählen wir den Steig Richtung Leckenholzalpe. Dieser wechselt bei einer kurzen Drahtseilsicherung über eine Bergrippe. Die ausgesetzte Etappe durch den lichten Mischwald hinunter verlangt erhöhte Aufmerksamkeit und einen sicheren Tritt. Kleine Felsstufen lassen sich dank eines weiteren Drahtseils überlisten. Den Bereich dieser spannungsgeladenen Abstiegsroute säumen beeindruckende Nagelfluh-Felsformationen. Wo der Wald zurücktritt, präsentiert sich der Steig wieder völlig harmlos. Nach Überschreiten eines Bächleins stoßen wir auf einen Ziehweg und schwenken bald darauf talwärts in den breiten Alpweg ein. Über Weidegelände geht's vorbei an der **Urschlabodenalp** ❻, 1130 m, zur **Ohlisgschwendalp** ❼, 1000 m. Kurz darauf weist die Beschilderung Richtung Dorf bei der Leckenholzalpe mit einem auffallend mächtigen Ahornveteranen in die Talstraße, die uns (alternativ auf erfrischendem Waldwanderweg) zurück nach **Reute** ❶ leitet.

*Spannende Abstechermöglichkeit: die gesicherten Gratpassagen vom Hohen Häderich zum Falken.*

Allgäuer Alpen

# Hochgrat, 1832 m, und Rindalphorn, 1822 m
## Überschreitung von West nach Ost

**8**

5.00 Std. | 13,0 km | ↗ 330 m | ↘ 1170 m     **TOP**

### Blumenreiche Gratwanderung über dem Weißachtal

*Auf dem dank der Hochgratbahn schnell zugänglichen, genussreichen Höhenspaziergang über die beiden höchsten Gipfel der Rindalpen muss man lediglich auf ein paar schmaleren, mitunter auch mal felsigen Abschnitten genauer auf den Weg achten. Der vorgeschlagene Rückweg von der Rindalp entpuppt sich besonders bei Nässe als unangenehm lehmig. Seit der ehemalige Fahrweg zu einem Pfad zugewachsen ist, ist diese ansonsten nach wie vor recht reizvolle Route Geschmackssache. Kinder finden die etwas abenteuerliche Lehmpiste im Vergleich zu der »mega langweiligen« Wanderautobahn an der Weißach entlang jedenfalls »voll cool«. Gelegentlich sollte man seinem Pioniergeist vielleicht auch mal eine kleine Chance geben.*

**Ausgangspunkt:** Talstation Hochgratbahn (Bushaltestelle), 860 m, bei Steibis. Bus von Oberstaufen.
**Anforderungen:** Kurze, steile Anstiege. Steige und mitunter lehmige Pfade, zuletzt Alpsträßchen. Gelegentlich schmale, teils felsige Gratabschnitte verlangen Trittsicherheit. Bei Nässe schmierig!
**Einkehr:** Berggaststätte Hochgratbahn, Rindalp, Mittlere Simatsgundalp.

*Türkenbund schmückt den Hochgrat-Abstieg.*

*Nagelfluhhöcker und Steilgras im Übergang zum Hauptgipfel des Rindalphorns.*

Die Kleinkabine der **Hochgratbahn** ❶ bringt uns zur **Berggaststätte** ❷, 1704 m. Dort lenkt der Wegweiser »Hochgrat« auf die in Stufen angelegte Wandertrasse des Europäischen Fernwanderwegs E 4. Der Nagelfluhgrat mit seinen Nordabbrüchen verschmälert sich nach oben zu. Ohne große Anstrengung gelangen wir zum **Hochgrat** ❸, 1832 m.

Der meist nur mäßig abfallende, vergnügliche Steig mit gelegentlichen Tritthilfen folgt dem stets bis obenhin begrünten, blumenreichen und mit einzelnen Nagelfluhhöckern geschmückten Grat. Von der **Brunnenauscharte** ❹, 1624 m, bummeln wir in gewohnt gemütlicher Manier auf einem bequemen Graspfad etwas unterhalb des Bergrückens über Weidehänge zum Westgipfel des Rindalphorns. Nach einem unwesentlichen Abstieg in einen Sattel leitet ein Steig in wenigen Minuten über ein paar problemlose Felsstufen empor zum Gipfelkreuz auf dem **Rindalphorn** ❺, 1822 m.

*Die reich gegliederte Rindalphorn-Nordostflanke vom Alpkessel unter der Gündlesscharte.*

Wir gehen kurz zurück zum Fuß des Gipfelaufschwungs und Richtung Gündleskopf talwärts durch die Hochmulde und zuletzt über einen licht bewaldeten Rücken bis zur **Gündlesscharte ❻**, 1542 m, unter dem Gündleskopf.

Wir richten uns nun nach dem Wegweiser »Rind-Alpe« und genießen die erholsame Bummelei über die Weidehänge mit einzelnen, teils abgestorbenen Fichten hinunter in den verschwiegenen Alpkessel. Unterwegs ergeben sich beachtenswerte Ausblicke zur markanten Bankung der Rindalphorn-Nordostflanke. Bei der verfallenen Oberen Rindalp ist auf natürliche Art ein Wildbach zu queren. Der kleine Wasserfall wenig oberhalb lädt zu einer romantischen Brotzeitpause. Auf einem Ziehweg erreichen wir die **Rindalp ❼**, 1244 m. An der anschließenden Alpwegverzweigung halten wir uns geradeaus und kommen an ein paar betagten Ahornbäumen vorbei. Durch Mischwald geht's am Rindalper Tobel entlang zu einer Wegteilung. Der bequemere Rückweg quert hier den Bach und hält sich an das Alpsträßchen in der Sohle des Weißachtals. Wir wählen die unbeschildert links abzweigende, spannendere Route durch den Groppachwald. Nach einer Kehre wechselt der eben noch bequeme Fahrweg in einen feuchten Pfad. Ein paar Seitenbäche querend lässt der Routenverlauf bald wieder aufatmen. Dieser führt nun am **Alpele ❽**, 980 m, geradeaus und geht wenig später in eine Fahrspur über, die Weideböden quert und bei der Hinteren Simatsgundalp in das Talsträßchen mündet. Das Finale passiert die **Mittlere Simatsgundalp ❾**, 920 m, mit der St.-Rochus-Kapelle und leitet an der Vorderen Simatsgundalp und der Eibelealp vorbei, zurück zur Talstation der **Hochgratbahn ❶**.

Allgäuer Alpen

# 9 Heidenkopf, 1685 m, und Girenkopf, 1683 m
## Über die Obere Balderschwanger Alp

| 4.15 Std. | 9,8 km | ↗ 670 m | ↘ 670 m |

### Ungleiches Paar in den Balderschwanger Bergen
*Der zwischen Balderschwang und dem Scheidwangsattel aus skurrilen Nagelfluhformationen aufgebaute Heidenkopf ist der letzte bekannte Gipfel des am Tennenmooskopf beginnenden und sich bis nach Hittisau hin ausdehnenden Molassekamms. Der recht steile und etwas ausgesetzte nordseitige Schlussaufstieg verlangt behutsames Steigen und ein bisschen Zupacken. Wegen der rutschgefährdeten Stellen ist dort bei Nässe allergrößte Vorsicht geboten. Das Panorama reicht von den Tannheimer Kalkzinnen über die Allgäuer Hochalpen bis zu den höchsten Rätikongipfeln und in die Schweizer Berge. Der Heidenkopf wird besonders gerne in Zusammenhang mit der neckischen Gratüberschreitung zum Siplingerkopf bestiegen. Etwas leichter als sein vielbesuchter östlicher Nachbar lässt sich direkt über die Kammhöhe der Girenkopf anhängen.*

**Ausgangspunkt:** Balderschwang, Kirche, 1044 m. Mit dem Bus von Fischen erreichbar.
**Anforderungen:** Kurze steile Passagen. Alpwege und Steige. Die kleinen drahtseilgesicherten und zum Teil ausgesetzten Klettereinlagen an beiden Gipfeln erfordern Trittsicherheit. Große Vorsicht bei Nässe!
**Einkehr:** Obere Balderschwanger Alp.

Von der Bushaltestelle an der Kirche von **Balderschwang** ❶ nehmen wir den Fußgängerweg taleinwärts in Richtung Heidenkopf. Kurz danach weist uns die Beschilderung auf einen geteerten Alpweg, der mit Blick zum Säntis an der berühmten 2000-jährigen Eibe vorbeiführt. Der auf einer Alpweide stehende, doppelstämmige und sechs Meter hohe Baumveteran soll möglicherweise sogar noch weitaus älter sein. Überm Talschluss erhebt sich der Allgäuer Hauptkamm mit Trettachspitze und Mädelegabel. Nach der **Oberen Socheralp** ❷, 1256 m, folgt eine weite Wegschleife zwischen einzelnen Fichtengruppen hindurch. Wir erreichen die **Obere Balderschwanger Alp** ❸, 1360 m, in manchen Karten als Untere Balderschwanger Alp bezeichnet. Über uns zeigt sich der felsige Hahnenkamm des Gratkopfs. Im Süden dominieren die Gottesackerwände. Eine Serpentine schwingt sich über die Weidehänge hinauf zu

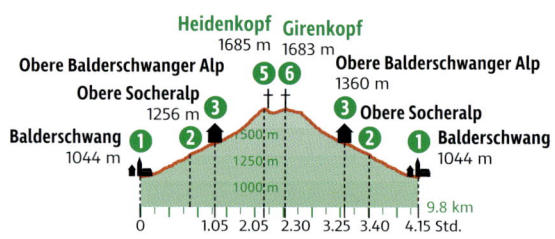

einem Absatz. Dort dirigiert uns wieder die Bezeichnung »Heidenkopf« auf einen meist unmarkierten Steig. Rechts des Bächleins halten wir auf den Wegweiser zu, der uns am Fuß des Gratkopfs die weitere Richtung zum Heidenkopf zeigt. Nach dem Aufstieg über die buckligen Hänge folgt eine spannende Schlussetappe zum **Joch** ❹, 1650 m, unter den wild aufbäumenden, teils rötlich schimmernden Nagelfluhtürmen des Heidenkopfs. Nun setzt der von Norden erfolgende, zwar kurze, aber unerwartet anspruchsvolle und luftige Schlussaufstieg an. Zwei Felspassagen sind dabei mit Drahtseilen gesichert. Nach dem ersten Steilstück entdeckt man rechter Hand einen anregenden Aussichtspunkt. Falls der Gipfel schon bevölkert ist, wäre dies ein stilles alternatives Rastplätzchen. Die weiterhin reizvolle Weganlage leitet uns zum Kreuzchen auf dem **Heidenkopf** ❺, 1685 m. Zuvor mündet der Aufstieg von der Scheidwangalp ein. Im Norden erstreckt sich, durch den Scheidwangsattel getrennt, die lange Nagelfluhkette. Zurück am **Joch** ❹ folgen wir zwischen einzelnen Fichten dem unterhaltsamen Grassteiglein auf der

*Schrofenpassage über dem Heidenkopf-Aufstieg.*

teilweise ausgesetzten Kammhöhe über kleine Gratköpfe mit zwei drahtseilgesicherten Stellen zum **Girenkopf** ❻, 1683 m. Die Aussicht entspricht in etwa jener vom Heidenkopf. Richtung Hittisau öffnet sich von hier aus das Lecknertal, das die westlichen Nagelfluhberge zum Rhein hin entwässert. Stundenlang könnte man auf diesem einsamen, begrünten Gipfelhaupt faulenzen.

Der Abstieg erfolgt zurück zum **Joch** ❹ und von dort auf bekanntem Weg hinunter nach **Balderschwang** ❶.

Allgäuer Alpen

# 10 Siplingerkopf, 1745 m
**Rundtour aus dem Aubachtal**

**TOP** | 6.00 Std. | 17,3 km | ↗ 815 m | ↘ 815 m

### Bizarre Felsenwelt in den südlichen Nagelfluhbergen
*Sowohl geologisch als auch botanisch verspricht der Siplingerkopf eine echte Schmankerltour.* Hauptattraktion ist natürlich die treffend benannte Siplingernadel. Geziert wird der Felsobelisk von einem Gipfelkreuz, das höchst selten von Besuchern bedrängt wird. Saugnäpfe müsste man haben oder wenigstens den IV. Schwierigkeitsgrad souverän beherrschen, dann gäbe es kein anregenderes Brotzeitplätzchen zu finden. Aber auch der Gipfelaufstieg zum Siplinger zeigt sich nicht ganz ohne Würze. Gelegentliche Steilstufen treiben einem unweigerlich die Schweißperlen auf die Stirn. Hinunter zur Hirschgundalp sorgt dann die abenteuerliche Nagelfluhkulisse der Spießwände mit ihren einzigartigen, lotrecht stehenden Felstafeln dafür, dass keine Langeweile aufkommt.

*Aus »Herrgottsbeton« (Nagelfluh) gemauert: die Siplingernadel.*

**Ausgangspunkt:** Gunzesried-Säge (Ortsteil von Blaichach), Bushaltestelle, 930 m. Mit dem Bus von Sonthofen erreichbar.

**Anforderungen:** Längere Steilabschnitte mit etwas abschüssigen Einlagen auf beiden Seiten des Gipfels erfordern Trittsicherheit. Vorsicht bei Nässe! Steige und Ziehwege sowie teils geteerte Alpwege.

**Einkehr:** Unterwegs keine Möglichkeit.

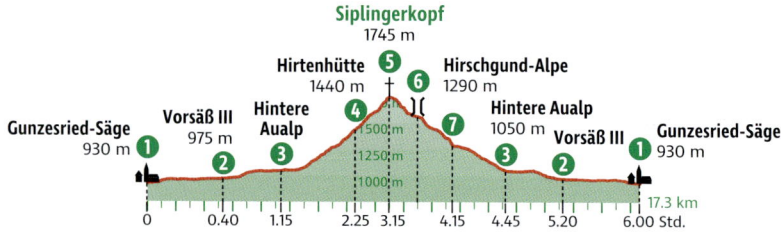

40

Allgäuer Alpen

Den bequemen Auftakt bildet das von der Bushaltestelle in **Gunzesried-Säge** ❶ Richtung Scheidwangalp über die Viehweiden taleinwärts führende Mautsträßchen, vorbei an der Alphütte Vorsäß I. Die Mischwaldflanken des Stuibens drängen sich, nachdem wir die Bachseite gewechselt haben, nahe an die Hütte Vorsäß II heran. Nach der zweiten rechtsseitig gelegenen Hütte – es ist **Vorsäß III** ❷, 975 m – folgt ein kleiner Anstieg durch einen Waldflecken. Von der Vorderen Aualp erblickt man bereits den Siplingerkopf mit seiner charakteristischen, zerfurchten Felsflanke. Kurz darauf – wenig abseits steht die **Hintere Aualp** ❸, 1050 m – weist uns die Wanderbeschilderung »Hirschgund-Alpe« über den Aubach. Über der Hütte baut sich die Rote Wand auf, ein Felsriegel mit rötlichem Ton. Gleich hinter der Brücke verzweigt sich der Alpweg. Wir wählen den Weg Richtung Siplingerkopf und schlendern am jungen Bachlauf entlang. An einem Holzsteg über einen seitlichen Zufluss wechselt unsere Route in einen schmalen Ziehweg, der in angenehmen Serpentinen (steile Abkürzer möglich) den mit Nagelfluhformationen durchwachsenen Laubwald überwindet. Wo sich rechter Hand eine Wandflucht zwischen den Bäumen abzeichnet, lohnt ein Tiefblick in die klaffende, meist trockene Bachkerbe, in der senkrecht eine unglaublich dünne Felstafel steht. Wenig später lichtet sich der Wald. Hoch über uns bäumt sich die kreuzgeschmückte Siplingernadel auf, jenseits des Tales gruppieren sich das Rindalphorn, der Gündleskopf und der Buralpkopf, bald auch Sedererstuiben und Stuiben.

Über die Weidehänge an der versteckten Siplingeralp vorbei leitet nun ein Steig. Bei einer neben einem fetten Felskloben stehenden klei-

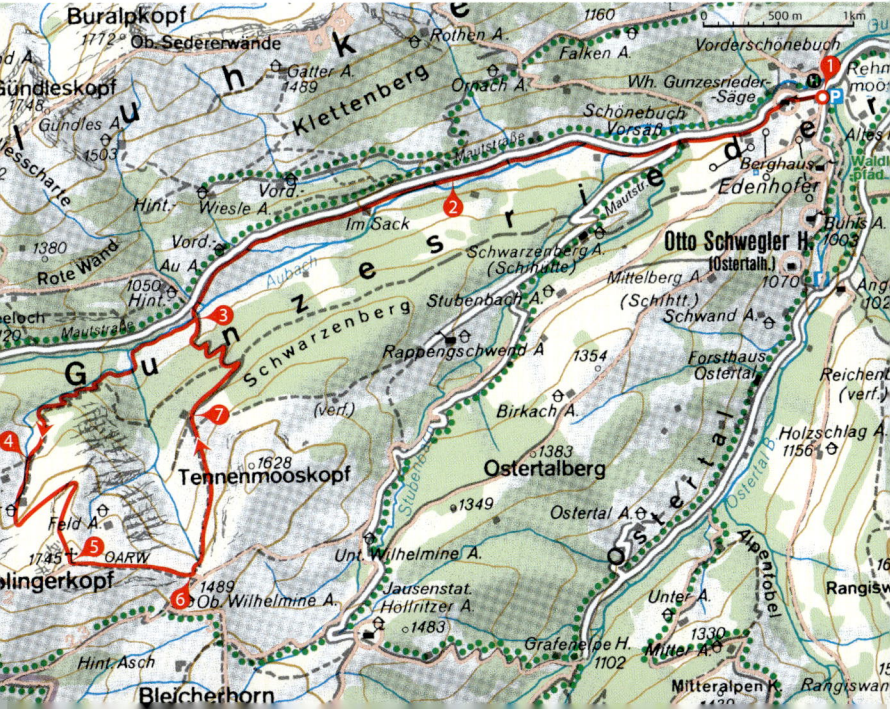

*Die Weideböden der Hinteren Aualp mit der Roten Wand.*

nen **Hirtenhütte** ❹, 1440 m, zeigt sich das Gipfelkreuz des Siplingers. Unser Aufstieg passiert nun die kecke Siplingernadel. Im weiteren Verlauf geht's über den Kamm auf den Nordgrat zu. In reizvoller Steigerei gelangen wir über den blumenreichen, zwischendurch auch mal etwas steileren und teils felsdurchsetzten Grasgrat zum Gipfelkreuz auf dem **Siplingerkopf** ❺, 1745 m. Die Route erweist sich stets gut gestuft und kaum ausgesetzt. Unterwegs ergeben sich weite Ausblicke, einerseits zum Säntis und über die Bregenzerwaldberge zur Schesaplana im Rätikon, zum anderen über das Illertal in die Tannheimer Berge und zur Daumengruppe. Sogar der Patteriol im Verwallgebirge ist gut auszumachen. Vom höchsten Punkt schließt sich der Bogen über die Oberstdorfer Berge.

Als Abstieg wählen wir die Route Richtung Hirschgund-Alpe. Diese ist Teil des Oberallgäuer Rundwanderwegs und führt anfangs über einen schmalen Grasrücken. Später heißt es auf dem Holzstufensteig in der mit einzelnen Fichten bewachsenen, steilen Ostflanke die abschüssigen Passagen beachten. Das eigenwillige Gelände wird von zahlreichen Rippen und kleinen Türmen sowie von grasigen Rinnen und Mulden gegliedert.

Vom **Sattel** ❻, 1560 m, bei der Oberen Wilhelminealp zeigt uns die Bezeichnung »Hirschgund-Alpe« den Weiterweg. Gemütlich bummeln wir an teils mit Buschwerk und üppiger Vegetation bewachsenen, teils locker bewaldeten Berghängen entlang und an einem Viehunterstand vorbei zur **Hirschgund-Alpe** ❼, 1290 m. Der Abstieg bietet unentwegt Einblick in die bizarre Felsszenerie am Siplinger. Ein Alpweg leitet uns zuletzt in Kehren durch den Wald hinunter zur Aubachbrücke, wo wir in das Mautsträßchen nach **Gunzesried-Säge** ❶ einschwenken.

Allgäuer Alpen

# Feuerstätterkopf, 1645 m
## Überschreitung von Nord nach Süd

**11**

| 3.30 Std. | 9,7 km | ↗ 645 m | ↘ 645 m |

### Nostalgietour in weltabgeschiedenem Bergwinkel
*Wer einen Hang zu Wanderungen auf alten Ziehwegen und kaum begangenen Alpsteigen in einer noch ursprünglichen Umgebung verspürt, sollte es mal mit dem Feuerstätterkopf probieren. Abgesehen vom bergrutschbedingten Wegebau unterhalb der Riesalpen am Südfuß dieses höchsten Gipfels zwischen dem Balderschwanger Tal und dem Ifenstock verströmt die nostalgische Ecke mit ihren Trollblumen, Knabenkräutern und Wollgräsern noch den Atem längst vergangener Zeiten. Auf dem Abstieg von dem mit Blaubeeren geschmückten Kamm bekommt man dann auch noch über die Herkunft des Bergnamens Bescheid. Die leicht rötlichen Plattenlagen geben Auskunft, aus welchem Material der Feuerstätter gebaut ist: Hornstein oder Feuerstein.*

**Ausgangspunkt:** Rindberg (Ortsteil von Sibratsgfäll), Gasthaus Alpenrose, 1000 m.
**Anforderungen:** Alpwege, Steige, Pfade und spärlich markierte Pfadspur. Kurzer Steilaufstieg.
**Einkehr:** Bergrast Wildries (Übernachtung).

*Gleich unterhalb von Rindberg rauscht die Rubach durch eine Waldschlucht zur Subersach.*

Den Weiler **Rindberg** ❶ erreicht man, wenn man, von Hittisau kommend, in Sibratsgfäll die Hauptstraße weiter taleinwärts fährt (Parkmöglichkeit am Straßenrand nach dem Gasthaus). 200 m vor dem Gasthaus eröffnet der Wegweiser »Wildriesalpe« den Aufstieg. Wir wandern auf dem Alpweg über ein ausgedehntes, ehemaliges Bergrutschgebiet, das seine Entstehung dem wenig widerstandsfähigen Flyschgestein zu verdanken hat. Während starker Regengüsse ist diese Alpregion leider nach wie vor bedroht.

Jenseits des Subersachtals wächst der Winterstaudenkamm empor, östlich davon macht der Didamskopf einen mächtigen Eindruck und über dem Hirschgundtal dominieren die langgezogenen Schrattenkalkriegel der Unteren und Oberen Gottesackerwände. Sie geben eines der markantesten Bilder der Allgäuer Alpen ab. Im Frühsommer entwickeln die feuchten Bergwiesen hinauf zu den Riesalpen eine betörende Blütenpracht. Nach ein paar Kehren ist die **Bergrast Wildries** ❷, 1230 m, erreicht, umgeben von buckligen Alpböden.

Wir folgen dem Alpweg zu der wenig oberhalb stehenden Lustenauer Riesalpe – nebenan befindet sich eine Kapelle – und zweigen auf die mit »Gmeiners Burstalpe« beschilderte, allerdings spärlich markierte Weidespur ab. Nun lässt sich auch der Hohe Ifen sehen. Anschließend geht es ein Stück am Zaun entlang und weiter auf einem teilweise feuchten und gemächlich bergan führenden Jungwaldpfad. Über uns die Grathöhe des Feuerstätterkopfs. Nach einem leichten Abstieg über einen Weidehang haben wir von der Gabelung nicht mehr weit bis zur winzigen Hirtenhütte nahe der abgelegenen **Gmeiners Burstalpe** ❸, 1440 m. Wenig anstrengend zieht

*Die Lustenauer Riesalpe über dem Hirschgundtal.*

sich ein Steig ein Stück über das Alpgelände hinauf zum **Sattel** ❹, 1570 m, zwischen dem Burstkopf und dem Feuerstätterkopf. Östlich unterhalb dehnt sich das Weidegebiet der Güntlealpe aus. Der steile Aufstieg über die mit Weidegebüsch bewachsene Nordflanke verlangt Vorsicht. Ein stets gut gestuftes, aber schweißtreibendes Finale.

Vom bescheidenen Gipfelkreuz auf dem **Feuerstätterkopf** ❺, 1645 m, ist die Aussicht nur in Richtung der Nagelfluhberge frei. Erst dann auf dem Steig über den schmalen, bewaldeten Grat lassen sich die hohen Allgäuer Bergspitzen um Oberstdorf sehen. Zwischen den Bregenzerwaldbergen und dem Lechquellengebirge grüßen sogar einige der Rätikonspitzen.

Kurz nachdem die Route den Grat verlässt, wenden wir uns rechts steil bergab durch lockeren Jungwald und kommen zu einer Alpwanne. Kurz vor der Bereuters Neualpe nehmen wir rechts den Güterweg und spazieren unter einem Bergsturz vorbei gemütlich talwärts. Hier zeigt sich das auffallend rötliche Gestein des Berges. Die Wegschleifen bringen uns zurück zur Lustenauer Riesalpe, wo wir in den Aufstiegskurs von **Rindberg** ❶ einschwenken.

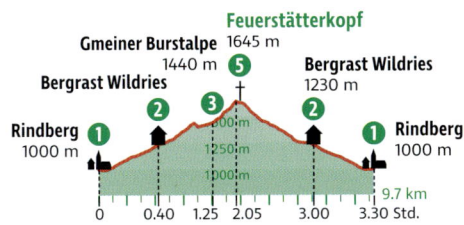

Allgäuer Alpen

## 12 Besler, 1680 m
### Durchs Lochbachtal

| 5.15 Std. | 15,9 km | ↗ 840 m | ↘ 840 m |   |

### Schrattenkalkthron mit Pfiff
*Von der Riedbergstraße aus wirkt die auf den mergeligen Drusbergschichten aufgesetzte, verkarstete Schrattenkalkplatte des Beslers wie ein kleiner Bruder des Hohen Ifens. Sollte sich jemand die spaßige Kletterei auf der witzigen Mini-Via-Ferrata über die anregende Steilrampe des »Normalwegs« nicht zutrauen, umrundet er kurz entschlossen den gesamten Bergstock und rückt dem stolzen Felsenthron von Süden weitaus einfacher auf den Leib. Bequem und dazu noch recht beeindruckend gestaltet sich eine Annäherung an den stolzen Charakterberg durchs freundliche und sonnige Lochbachtal. Augenfällig werden dabei insbesondere die deutlich hervortretenden Gegensätze zwischen den von der Alpwirtschaft genutzten, weichen Höhen und den jäh abstürzenden, trotzigen und scharfkantigen Kalkwänden des Helvetikums.*

*Ostansicht des Beslers.*

**Ausgangspunkt:** Tiefenbach (Marktgemeinde Oberstdorf), Western-Bar (Bushaltestelle) im nördlich gelegenen Ortsteil Lochwiesen, 860 m. Mit dem Bus von Oberstdorf erreichbar.
**Anforderungen:** Kurze anstrengende Abschnitte. Steige und teils geteerte Alpwege. Der kleine Klettersteig zum Gipfel erfordert Trittsicherheit und leichte Kletterei (I, Klettersteigausrüstung). Vorsicht bei Nässe! Gipfel von Süden leicht.
**Einkehr:** Schwabenalp, Obere Gundalp.

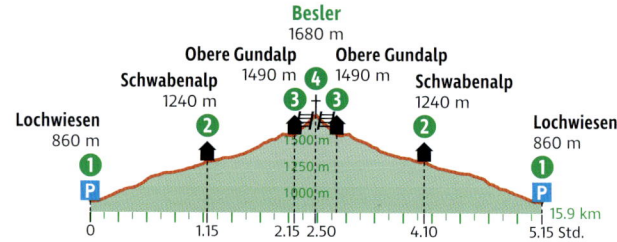

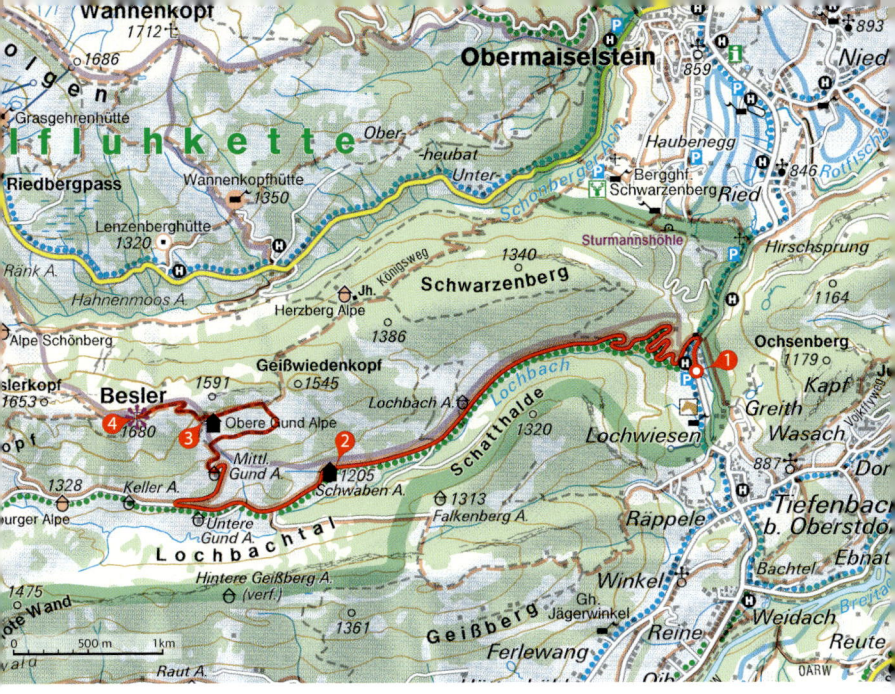

Von der Bushaltestelle an der Western-Bar, im nördlich gelegenen Tiefenbacher Ortsteil **Lochwiesen** ❶, folgen wir kurz dem Radweg bergan Richtung Obermaiselstein. Zur Linken bäumt sich das überkippte Schrattenkalk-Gewölbe des Falkenbergs auf. Geteerte Alpwegserpentinen leiten uns nach der Lochbachbrücke hinein ins stille Lochbachtal. Die erste Alphütte in dem ansprechenden Hochtal ist die Lochbachalp, 1155 m. Beiderseits säumen nun Alpweiden den beschaulichen, nur mehr mäßig ansteigenden Wanderkurs zur **Schwabenalp** ❷, 1240 m, einer kleinen, aber willkommenen Einkehr. Unterhalb schlängelt sich verspielt der junge Lochbach. Der Höhenzug des Geißbergs flankiert die Südseite des Gutswieser Tals, wie unser Talzug auch genannt wird.

Plötzlich reckt der Besler seine unverkennbare Felsennase in die Höhe, rechts die respekteinflößende, senkrechte Ostkante. Dort hinauf? Nach der Unteren Gundalp zweigt rechts ein Alpweg von der Rohrmooser Route ab und führt zur Mittleren Gundalp, einem einfachen Viehstall. Nun geht's kurz hinauf in die Wollgrasmulde unter der oberen Hütte. Im Handumdrehen ist dann mit leichtem Höhenverlust die **Obere Gundalp** ❸, 1490 m, erreicht.

Auf einem Steig erklimmen wir über mit Drahtseilen und Eisentritten entschärfte Felspassagen die Kammhöhe und schlendern hinüber zur Ostkante und weiter bis zum Einstieg in die drahtseilgesicherte Felsrampe. Wer etwas Übung im Felsgehen hat, wird mit Freuden den Miniatur-Klettersteig emporturnen und schließlich beinahe ein wenig enttäuscht darüber sein, dass der abenteuerliche Weg auf den **Besler** ❹, 1680 m, so schnell zu Ende ist.

Der Abstieg erfolgt auf dem Aufstiegsweg.

Allgäuer Alpen

# 13 Breitachklamm, 950 m
## Über Reute

| 4.00 Std. | 13,4 km | ↗ 345 m | ↘ 345 m |

### Eine der bedeutendsten Klammen Europas

1905 sprengte man den Weg in die Wände der düsteren, insgesamt 1780 Meter langen Schluchtenge der Breitach. 90 Meter tief hat sich der gefräßige Illerquellfluss seit der letzten Eiszeit durch die hartnäckigen Felsschichten des Schrattenkalks eingeschnitten und die »interessanteste Klamm Mitteleuropas« geschaffen. Das gigantische Werk der Natur ist jedoch noch längst nicht abgeschlossen. Weiterhin kerben die ungestümen Wildwasser den »Zwing«, wie die Breitachklamm bei den Einheimischen heißt, um etwa einen Zentimeter jährlich ein. Da Temperaturwechsel die Wintermonate über immer wieder Schäden verursachen und Regengüsse die Weganlage teils um mehrere Meter überschwemmen können, nehmen auch die Ausbesserungsarbeiten nie ein Ende.

**Ausgangspunkt:** Oberstdorf, Bahnhof, 815 m. Zug von Sonthofen.
**Anforderungen:** Kurze steile Anstiege. Spazierwege und Sträßchen, Weganlage in der Klamm, anfangs Dorfstraßen. Präparierte Wege wintergeeignet.
**Einkehr:** In Reute und Gasthaus Breitachklamm.

*Die Breitach bei ihrem Austritt aus der Klamm.*

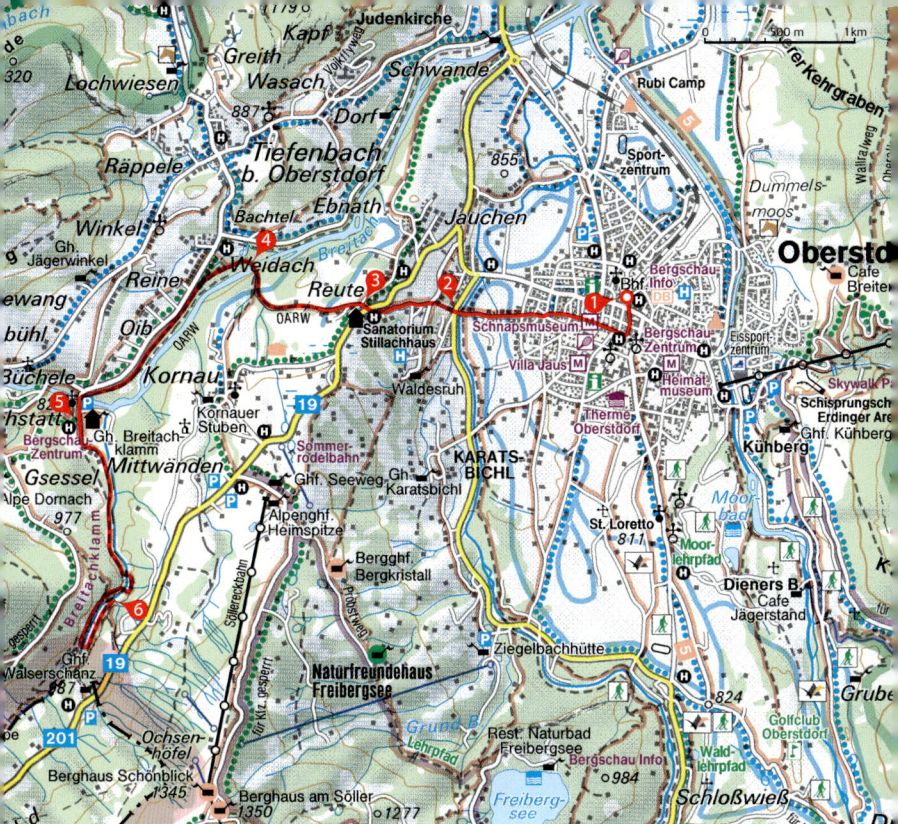

Vom Bahnhof in **Oberstdorf** ❶ auf die Kirche zu Richtung Ortsmitte schlendernd weist uns bei der Vereinsbank die Beschilderung »Tennisplätze« in die Weststraße. Nach Queren der Fellhornstraße spazieren wir auf einem Anliegersträßchen – es ist immer noch die Weststraße – geradeaus zur **Schlechtenbrücke** ❷, 795 m, über die Stillach. Von hier öffnen sich die Oberstdorfer Täler in ihrer ganzen Pracht.

Der Wanderwegweiser »Breitachklamm« dirigiert uns auf einen steilen Fußweg. Von der Anhöhe gewinnt man eine informative Ausschau über den weiten, sonnigen Wiesenkessel mit dem Marktflecken. In der Mitte der felsigen Gesellen erhebt sich die majestätische Höfats, ganz links sockelt das trotzige Rubihorn und rechter Hand gipfeln die Krottenspitzen. Die gewohnte Wegbezeichnung weist uns auf ein weniger steiles Privatsträßchen. Es ist die Alte Walserstraße. Wir kreuzen die B19 und finden auf der gegenüberliegenden Seite im Weiler **Reute** ❸, 890 m, wieder die Beschilderung »Breitachklamm«. Ein Wirtschaftssträßchen trägt uns über die Kuppe. Dahinter eröffnet der gekieste Spazierweg hübsche Ausblicke auf die Waldschöpfe der helvetischen Kreide. Durch ein lichtes Mischwäldchen geht's nun an einem tief eingeschnittenen Bachgraben abwärts zur **Breitachbrücke** ❹, 805 m. Der im weiteren Verlauf bequeme Kurs schleicht durch den Auwald flussauf-

*Abenteuerliche Breitachklamm.*

wärts, am Brutgebiet des Flussuferläufers vorbei. Ein Wandervergnügen, wie man es sich nicht schöner wünschen kann. Die geschindelte Kapelle von Mittwänden kündigt bereits das nahe Ziel an. Kurz darauf treffen wir beim **Gasthaus Breitachklamm** ❺, 830 m, ein.

Ein geteerter Spazierweg führt bald unter einem Felsendach hindurch zum Beginn der Klamm. Nach einem Felsentunnel verbreitert sich die Klamm wieder kurzzeitig. Die hervorragende Weganlage windet sich an Überhängen entlang und steigt sanft bergan. Unter uns ein beeindruckendes Wasser-Orchester. Nach einem riesigen Strudeltrichter bläst ein feuchtkalter Windstoß durch die sich zusammenschnürende Felsengruft. Der faszinierende Klammweg leitet unter einem prickelnden Wasserschleier hindurch. An der nur noch gut einen Meter breiten Engstelle trägt uns ein solider Eisensteg über den dröhnend schauerlichen Schlund. Ein Wasserstandszeiger verzeichnet am 17.8.1926 eine Wasserhöhe von 3,60 m über dem Weg, und dieser befindet sich wohlgemerkt mindestens 12 m über der Klammsohle! Massige Felskloben verklemmen sich über unseren Häuptern. Dann wird es finster. Nach den beiderseits unvermittelt emporschnellenden Riesenwänden entlässt uns ein Eisensteg in die Freiheit. In schwindelerregender Höhe überspannt der Zwingsteg dieses unvergessliche Abenteuerreich. Dreht man sich anschließend um, erkennt man in der Felsenwand das Profil des »Indianergesichts«. Über mehr als 200 Stufen klettert die Route nun am oberen Eingang vorbei, empor zum genannten **Zwingsteg** ❻, 950 m. Der Sage nach soll in der geheimnisvollen Tiefe der Zwinggeist hausen, der jeden Lästerer grausam bestrafe. Da die benachbarten Wanderrouten mit dem Klammweg in keiner Weise konkurrieren können, erübrigt sich wohl für die meisten die Frage nach der Wahl des Rückwegs.

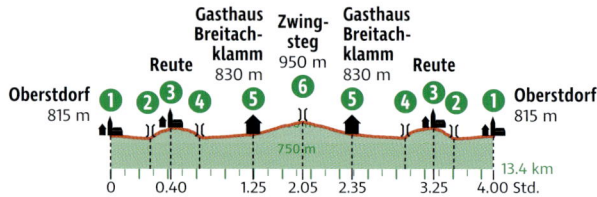

Allgäuer Alpen

# Hoher Ifen, 2230 m
## Überschreitung von Nord nach Süd

**14**

| 6.00 Std. | 15,8 km | ↗ 980 m | ↘ 980 m |

Bizarre Schrattenkalkformationen.

*Wie ein Kahn auf hoher See*
*Der manchmal mit einem Schiffsbug verglichene Hohe Ifen gilt als eine der eigenwilligsten Berggestalten der Nördlichen Kalkalpen. Wer ins Kleinwalsertal fährt, der glaubt angesichts des aus dem aufgewühlten Karstmeer des Gottesackerplateaus aufragenden Schrattenkalkdachs, sanft nach Süden hin geneigt und in teils lotrechten Mauern abbrechend, wirklich einen Kahn auf hoher See vor sich zu haben. Der Ifen ist neben den Gottesackerwänden die markanteste Erscheinung der geologischen Baueinheit Helvetikum. Er verdient auch als Aussichtsgipfel gerühmt zu werden. Vor allem über das Bregenzerwaldgebirge und das Lechquellengebirge sowie über die Walsertaler Berge mit dem Riesenklotz des Widdersteins und das fremdländisch anmutende Gottesackerplateau gewinnt man einen vorzüglichen Überblick.*

**Ausgangspunkt:** Auenhütte (Bushaltestelle), 1275 m, am Ende der steilen Bergstraße von Riezlern zur Talstation der Ifen-Gondelbahn. Mit dem Bus von Oberstdorf erreichbar.
**Anforderungen:** Der auf beiden Gipfelseiten jeweils kurze, teils drahtseilgesicherte Steilabschnitt setzt Trittsicherheit voraus. Pfade und Steige sowie Alp- und Wanderwege. Nicht bei unsicherem Wetter! Keine Abkürzung (Wildschutzgebiet) nehmen.
**Einkehr:** Ifenhütte, Schwarzwasserhütte (Übernachtung), Melköde.

Bei der Bushaltestelle an der **Auenhütte** ❶, die man auf steiler Bergstraße von Riezlern erreicht, gehen wir kurz bergan zur Talstation der Ifen-Gondelbahn. Ein beschilderter Alpweg führt uns durch den Kürenwald bergan zur bewirtschafteten **Ifenhütte** ❷, 1586 m, mit der Bergbahn-Station. Dort überwindet ein Pfad die steilen Weidehänge zur Ifenmulde. Ein breit ausgetretener Steig leitet uns daraufhin im rechten Bereich der zunehmend karstigeren Hochmulde bergan, über uns die Ifenmauer, und quert in Kehren das mit Blöcken übersäte Geröll-

Allgäuer Alpen

kar zum Fuß eines Schrofenhangs, einer Lücke in dem langgezogenen Felsriegel. Diese vermittelt den hervorragend angelegten und teils drahtseilversicherten, wenn auch ein wenig ausgesetzten Aufstieg zum weitläufigen, meist begrünten Gipfeldach. Dort überschreiten wir die Zollgrenze. Das Finale zum Kreuz auf dem **Hoher Ifen** ❸, 2230 m, unter uns das ausgedehnte Karstgelände des Gottesackerplateaus, gleicht einem Spaziergang.

Auf der bekannten Route absteigend, zweigt bald der Steig zur Schwarzwasserhütte ab, der so-

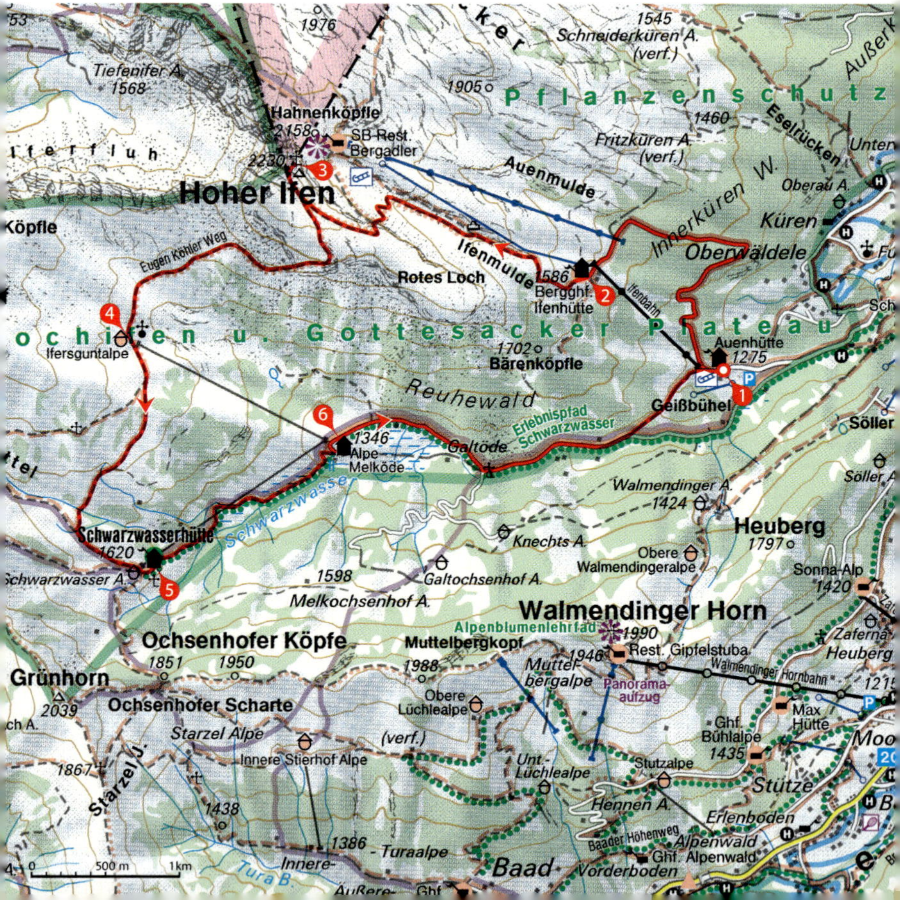

*Blick von der Ifersguntalpe zum Hohen Ifen.*

genannte Eugen-Köhler-Weg. Im unteren Bereich des Gipfeldachs erfolgt der steile Durchstieg durch die anfangs grasige und im weiteren Verlauf plattige und mit Drahtseilen gesicherte Bresche, die einzige Schwachstelle in der senkrecht abbrechenden südlichen Ifenmauer. Unter den zerborstenen Wandabstürzen geht's in einem weiten Bogen durch ein Trümmerkar und das anschließende mit lichtem Fichtenwald bestandene Muldengelände zu den Weiden der **Ifersguntalpe** ❹, 1750 m. Die Beschilderung Richtung Schwarzwasserhütte weist uns nun den Kurs. Zwergsträucher mit Blaubeeren und Latschen säumen den Weiterweg ohne bedeutendes Gefälle über Bachgräben zur Zollgrenze. Von der anschließenden Wegteilung ist es auf dem informativen Naturlehrpfad nicht mehr weit an einem Zollhäuschen vorbei zur **Schwarzwasserhütte** ❺, 1620 m, einem beliebten Alpenvereinsstützpunkt.

Der Lehrpfad leitet uns nun als breiter Wanderweg über Alpweiden hinunter in den Talschluss des Schwarzwassertals, zur Rechten die Ochsenhofer Köpfe, und durch eine herrliche Hochmoorlandschaft, den jungen Schwarzwasserbach querend, mit einer kurzen Stufe vollends hinunter zum flachen Talboden mit der **Melköde** ❻, 1346 m. Auf einem bequemen Alpweg geht's unterm Ifen über ein Weidegebiet, an Versickerungsstellen und Gletschermühlen vorbei und durch die abenteuerliche Bergsturzzone des Rüchewaldes zurück zur **Auenhütte** ❶.

# Der »Gottesacker«

Weißgebleichter Schrattenkalk der geologischen Formation des Helvetikums bestimmt das mehr als 100 Millionen Jahre alte Faltengesicht des Gottesackerplateaus zwischen dem Hohen Ifen und dem Rohrmoostal. Wir befinden uns hier am äußersten Westrand der Allgäuer Alpen. Das Herz der abenteuerlichen Karstwüste, eines der eindrucksvollsten Karrenmeere der Ostalpen, schlägt in Bayern, die Randzonen gehören zu Vorarlberg.
Während der Niederschläge und der Schneeschmelze läuft das Wasser durch die zahlreichen Klüfte des Gesteins in die Tiefe ab und weitet dieses Kluftsystem durch chemische Lösungsvorgänge zu den sogenannten Karren. Zwischen diesen meist bloßliegenden Spitzkarren bilden sich messerscharfe und optisch überaus wirksame Rippen und feinste Verästelungen, zahllose Grate und Grätchen: die Schratten. Eine groteske und fesselnde Alpinlandschaft en miniature, ein Fakir-Dorado für Barfüßler. Im humusbedeckten Schrattenkalk mit seltenen Pflanzenarten wie Enzian, Aurikel und Steinröschen modellieren die Huminsäuren dagegen leicht gerundete Formen, die Rundkarren. Ein früherer Chronist nennt die Riesenkalksteinplatte treffend ein Meer, »das in höchster Erregtheit und Aufwühlung plötzlich erstarrt ist«.
Erst an der Schichtgrenze zu den tonigen Drusbergmergeln kann das versickernde Wasser zusammenlaufen, um später in Form von bedeutenden Karstquellen wieder auszutreten. Das eigenwillige Entwässerungssystem des Ifengebiets bewegt sich unterirdisch zur Subersach und somit dem Bodensee und Rhein zu. Dies war keineswegs immer so. Noch vor der letzten Eiszeit flossen die Sammelwasser durchs Tal der heutigen Breitach und Iller der Donau entgegen.
Durch die Lösung des Kalks entstanden große Höhlen, deren beachtlichste die bis auf eine Länge von 1500 m erforschte Schneckenlochhöhle mit einer 10 m hohen und über 100 m langen Vorhalle ist. Zu den bekannten Unterwelten zählt auch die 77 m tiefe Schachthöhle Hölloch im Mahdtal. Die Karstforschung misst dem gesamten Bereich des Gottesackerplateaus allergrößte Bedeutung zu.
Wanderer sollten das mit Bergwegen erschlossene Gebiet wegen des gleichförmigen Charakters nur mit vernünftiger Ausrüstung und bei zuverlässigem Wetter aufsuchen. Besonders bei Nebel oder Schneelage bergen die Spalten und Trichter große Gefahren, man irrt dann umher wie in der Spaltenzone eines Gletschers. Der unvergessene Allgäuer Bergführer und Alpin-Schriftsteller Georg Frey vergleicht die Welt im Detail mit einer mittelalterlichen Rüstkammer: »Neben scharfen Schilden Hellebarden aus Stein und zugespitzte Lanzen, die einen unvorsichtig Stürzenden durchbohren würden. Und dort drüben eine Anzahl Messer mit den Schäften aus dem Felsgrat herauswachsend, Schneide und Rücken von gleich unheimlicher Schärfe und ein Stück daneben Dolche mit nadelfeinen Spitzen.«
Eine Sage erzählt von der einstmaligen Fruchtbarkeit dieser Region: Saftige Alpwiesen mit den besten Kräutern haben sich hier ausgedehnt, und die Kühe gaben eine besonders schmackhafte Milch. Doch als Strafe für den Geiz der Sennen sind die Alphütten samt Mensch und Vieh versunken, und die Weiden haben sich in eine riesige Steinwüste verwandelt.

Allgäuer Alpen

# Widerstein, 2533 m
## Durchs Gemsteltal

**15**

8.00 Std. | 16,3 km | ↗ 1410 m | ↘ 1410 m        **TOP**

### Bollwerk über dem hintersten Kleinwalsertal

*Der auch durch das Bärguntal erreichbare Große Widderstein – üblicherweise nur Widderstein genannt – ist eine der markantesten Felsgestalten der Allgäuer Alpen. Überwältigend ist die Schau von dem Hauptdolomit-Regenten im Talschluss des Kleinwalsertals über die Allgäuer und Lechtaler Alpen sowie über das nahe Lechquellengebirge und zum Bodensee. Auch manche namhaften Eisspitzen, darunter der Großvenediger, die Wildspitze und der Ortler, machen auf sich aufmerksam. Der Gipfelaufstieg durch die Südschlucht, der einzig möglichen Aufstiegsroute, wartet mit leichter Kletterei auf und erfordert besonnenes Steigen, um die Nachfolgenden wegen der Steinschlaggefahr nicht zu gefährden. In der Schlucht unter den steilen östlichen Plattenschüssen lauert zusätzlich Gefahr, wenn Kletterer auf dem Südgrat unterwegs sind. Bei Schneeauflage oder Vereisung wandelt sich die Besteigung zu einem riskanten Unternehmen.*

**Ausgangspunkt:** Bödmen (Ortsteil von Mittelberg), Bushaltestelle Weiher am Ortsende, 1175 m. Mit dem Bus von Oberstdorf erreichbar.

**Anforderungen:** Langer Steilaufstieg. Steige, Steigspuren und Alpwege. Ausgesetzte und kurze seilgesicherte Passagen sowie leichte Kletterstellen (I) auf teilweise schuttbedecktem Fels (Steinschlag) erfordern Trittsicherheit. Nicht bei unsicherem Wetter, Nebel oder Schneelage! Bis zur Widdersteinhütte mittelschwer.

**Einkehr:** Bernhards Gemstelalp, Hintere Gemstelalp, Obere Gemstelalp, Widdersteinhütte (Übernachtung).

In **Bödmen** ❶, an der Bundesstraße von Mittelberg nach Baad, leitet unter dem Walmendinger Horn bei der Bushaltestelle Weiher ein Fußgängerweg an der Breitach abwärts zu den schmucken Häusern von Gemstelboden. Zwischen Zwölferkopf und Bärenkopf spazieren wir auf einem Alpweg hinein ins enge Gemsteltal. An Gabelungen wählen wir die über dem rechten Ufer durch Mischwald und zuletzt über Alpweiden mäßig ansteigende Route zu **Bernhards Gemstelalp** ❷, 1275 m. In imponierendem Format baut sich über der Alphütte mit Einkehr der

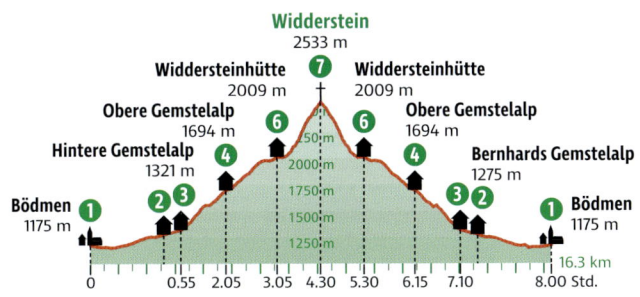

Allgäuer Alpen

Widderstein auf. Rechts davon zeigt sich der Spitz des Kleinen Bruders. Jenseits des prächtigen Tals entsendet der Elferkopf die riesigsten Steilgrasflanken der Allgäuer Alpen. Auch der Zackengrat des Geißhorns weckt unsere Bewunderung. An der Wegteilung nach der Hütte wandern wir geradeaus und erreichen die ebenfalls bewirtschaftete **Hintere Gemstelalp** ❸, 1321 m.

Dort beginnt ein Steig, der ohne groß anzustrengen einen zwischen Großem und Kleinem Widderstein herunterziehenden Schuttstrom quert. In Kehren geht es anschließend über den mit Buschwerk und Latschen bewachsenen Schrofenhang hinauf, der das Tal abriegelt. Während der Überschreitung einer etwas ausgesetzten, felsigen Rinne kann man sich einem Kunststoffseil

*Der Widderstein von der Sterzerhütte.*

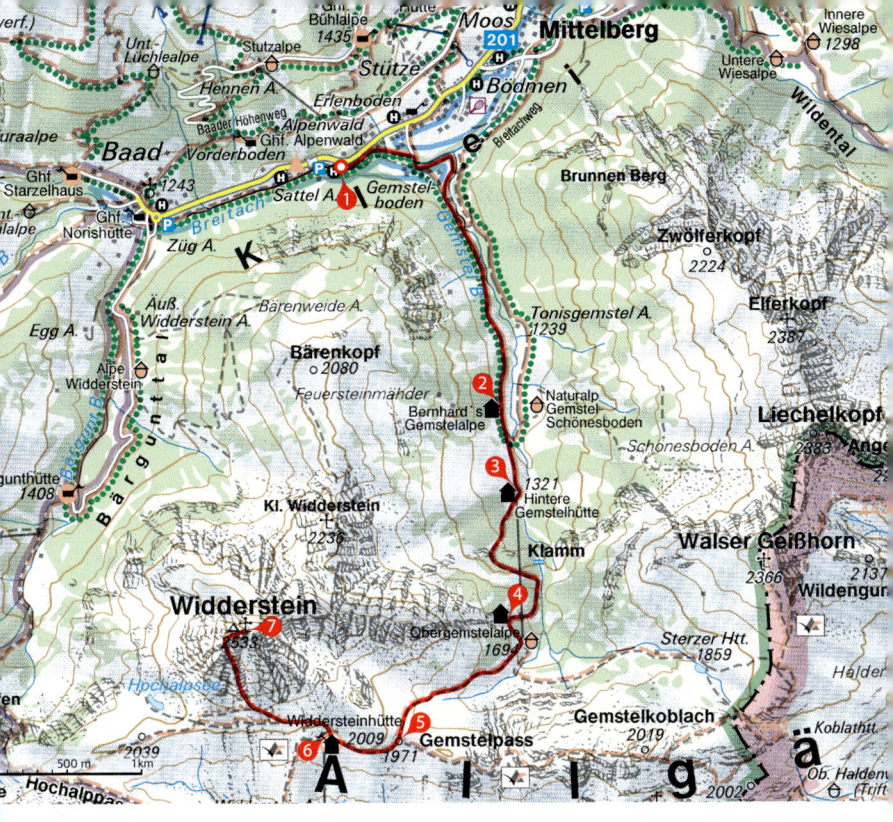

anvertrauen. Die schön geformte Pyramide des Kleinen Widdersteins will während des Aufstiegs immer wieder aufs Neue bestaunt sein. Nachdem ein abermals seilgesicherter und in die Felsen gesprengter Abschnitt anregende Tiefblicke in die düstere Klamm des jungen Gemstelbachs ermöglicht, legt sich die Steigung, vorbei an einem schönen Wasserfall, zurück. Dann naht die **Obere Gemstelalp** ❹, 1694 m. Richtung Widdersteinhütte wandern wir nun über mittelsteile, teilweise steinige Weidehänge um den langen Ostausläufer des Widdersteins herum, rückblickend das Geißhorn. Bald haben wir den **Gemstelpass** ❺, 1971 m, erreicht. Hier verlassen wir das deutsche Zollanschlussgebiet und kommen ohne nennenswerte weitere Steigung zur **Widdersteinhütte** ❻, 2009 m.

Kurz nach der Hütte schwingt sich die Route von der Weggabelung unter dem Südpfeiler über eine karge Grasflanke empor zum Einstieg in die schuttreiche Südschlucht (mahnende Gedenktafeln). Der anstrengende Steig leitet in unzähligen Kehren gut gestuft bergan und überwindet in leichter Kletterei (I, auf die Steinschlaggefahr achten!) den linken, langen Schrofenaufbau der kesselartigen Erweiterung. Den rechten Rand begrenzt eine riesige, düstere Felswand. Unterhalb des Südwestgrates geht es in Kürze dem kreuzgeschmückten **Widderstein** ❼, 2533 m, entgegen.

Der Abstieg erfolgt auf dem Anstiegsweg.

Allgäuer Alpen

# 16 Geißhorn, 2366 m
## Durchs Gemsteltal

| 7.15 Std. | 16,5 km | ↗ 1240 m | ↘ 1240 m |   |

### Genießerroute zu zackigem Bergmassiv

*Vom Gemsteltal aus zeigt das Geißhornmassiv erst mal seine Zähne. Der scharf gezackte Westgrat erweckt ganz und gar nicht den Eindruck, als handle es sich um einen vergnüglichen Wanderberg für jedermann. Aber das Geißhorn vermag nur dem oberflächlichen Betrachter etwas vorzumachen. Unterwegs zur Sterzerhütte wandelt sich der sich wild gebärdende Geselle überraschend und rückt plötzlich mit der Wahrheit heraus, öffnet uns sozusagen sein Hintertürchen. Als recht harmloser Graskegel entwächst er den sanft gewellten Karstböden überm Hochtannbergpass, Koblach genannt. Um den Berg nicht mit dem Namensvetter über dem Vilsalpsee zu verwechseln, wird er auch Walser Geißhorn genannt.*

**Ausgangspunkt:** Bödmen (Ortsteil von Mittelberg), Bushaltestelle Weiher am Ortsende, 1175 m. Mit dem Bus von Oberstdorf erreichbar.

**Anforderungen:** Langer steiler Anstieg. Steige sowie Wander- und Alpwege. Kurze seilgesicherte und etwas ausgesetzte Passagen erfordern ein wenig Trittsicherheit.

**Einkehr:** Tonis Gemstelalp, Hintere Gemstelalp, Obere Gemstelalp.

*Im wilden Gemsteltal.*

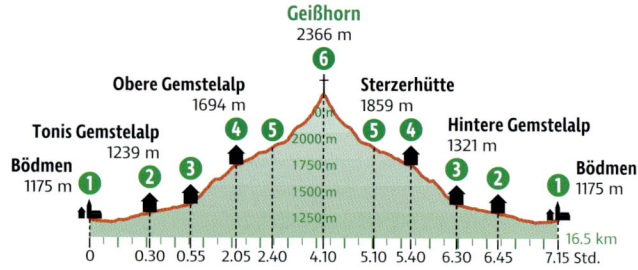

Allgäuer Alpen

In **Bödmen** ❶, an der Bundesstraße von Mittelberg nach Baad, leitet unter dem Walmendinger Horn bei der Bushaltestelle Weiher ein Fußgängerweg an der Breitach abwärts zu den schmucken Häusern von Gemstelboden. An einer Verzweigung halten wir uns über die Gemstelbachbrücke und haben ins enge Tal hinein den Bergbach als Begleiter. Unter der Schrofenflanke des Bärenkopfs mündet die Route in den mäßig ansteigenden, linksuferigen Alpweg zur Hinteren Gemstelalp. Von **Tonis Gemstelalp** ❷, 1239 m, die man sich für eine schmackhafte abendliche Hüttenbrotzeit vormerken sollte, geht es weiter über Alpweiden und einen Bachsteg unter dem Elferkopf mit seinen überdimensionalen Steilgrasflanken vorbei. Im Talschluss der abweisende Zackengrat des Geißhorns. Hauptblickfang des herrlichen Gemsteltals ist der bullige Widderstein. Nördlich vorgelagert macht der hübsche Spitz des Kleinen Widdersteins auf sich aufmerksam. An der Gabelung unter der Alp Gemstel-Schönis-Boden nehmen wir den Wanderweg über die Bachbrücke und haben von der Einmündung in den jenseitigen Alpweg schon nach ein paar Minuten taleinwärts die bewirtschaftete **Hintere Gemstelalp** ❸, 1321 m, erreicht. Dort beginnt ein Steig, der ohne groß anzustrengen einen zwischen Großem und Kleinem Widderstein

*Über den Karstböden des Koblachs imponiert der Biberkopf.*

herunterziehenden Schuttstrom quert. In Kehren geht es anschließend über den mit Buschwerk und Latschen bewachsenen Schrofenhang hinauf, der das Tal abriegelt. Während der Überschreitung einer etwas ausgesetzten, felsigen Rinne kann man sich einem Kunststoffseil anvertrauen. Die schön geformte Pyramide des Kleinen Widdersteins will während des Aufstiegs immer wieder aufs Neue bestaunt sein. Nachdem ein abermals seilgesicherter und in die Felsen gesprengter Abschnitt anregende Tiefblicke in die düstere Klamm des jungen Gemstelbachs ermöglicht, legt sich die Steigung, vorbei an einem schönen Wasserfall, zurück. Dann naht die **Obere Gemstelalp** ❹, 1694 m.
Richtung Mindelheimer Hütte folgt unter Schrofenhängen ein mäßig steiler Anstieg, der auf den nun grasigen Gipfel des Geißhorns zuhält. Fesselnd ist der Blick zurück auf die beiden Widdersteine.

Von der **Sterzerhütte** ❺, 1859 m, aus, einer alten Jagdhütte, geht es an einem Tümpel vorbei und wieder anstrengender über einen teilweise von Latschen bewachsenen Grashang hinauf zum Fuß unseres Bergziels. Den Talschluss des Rappenalpentals krönt der plattige, elegant geschnittene Biberkopf – dahinter die kecke Lechtaler Wetterspitze. Ausgezeichnet ist der Blick auch zum firngeschmückten Kaltenberg im Verwall und zu den stattlichen Erhebungen im nahen Lechquellengebirge. An der Verzweigung sowie an der folgenden Gabelung lässt der Gipfelwegweiser keinerlei Orientierungsprobleme aufkommen. In vielen Kehren leitet uns der blumenreiche Aufstieg auf bayerischer Seite über die meist begrünte, steile Südabdachung nahe dem Gratverlauf zum Kreuz auf dem **Geißhorn** ❻, 2366 m.
Der Abstieg erfolgt auf dem Anstiegsweg.

Allgäuer Alpen

# Kemptner Kopf, 2191 m
## Durchs Wildental

**17**

| 7.15 Std. | 17,3 km | ↗ 1090 m | ↘ 1090 m |

### Steiler Vorposten des Mindelheimer Klettersteigs

*Der Kemptner Kopf, auch Kemptner Köpfl genannt, ist der Hausberg der Mindelheimer Hütte. Mit seinen zerborstenen Nordwänden entpuppt sich der Felsberg von der Kemptner Scharte als witziges Hauptdolomit-Köpfchen, das auf einem Graskegel ruht. Während des mühsamen Schartenaufstiegs aus dem Kar oberhalb der Hinteren Wildenalp ist es selbstverständlich, große Umsicht walten zu lassen, um keine Steinsalven auf eventuell Nachsteigende loszulassen. Im Frühsommer kann die Rutschgefahr auf eventuell harten Firnfeldern die steile Etappe zusätzlich erschweren. Der Kemptner Kopf lohnt nicht nur wegen des spannenden Zugangs durchs Wildental einen Besuch. Auch der unerwartet umfassenden Aussicht wegen sollte man diesen südwestlichen Vorposten des für erfahrene Berggeher empfehlenswerten Mindelheimer Klettersteigs (II, Klettersteig-Ausrüstung!) unbedingt einmal besteigen.*

*Blick von der Mindelheimer Hütte zum Kemptner Kopf.*

**Ausgangspunkt:** Bödmen (Ortsteil von Mittelberg), Bushaltestelle Weiher am Ortsende, 1175 m. Mit dem Bus von Oberstdorf erreichbar.

**Anforderungen:** Lange steile Aufstiege. Steige und Alpwege, anfangs verkehrsfreie Sträßchen. Teils etwas ausgesetzte, drahtseilgesicherte Passagen und leichte Kletterstellen erfordern Trittsicherheit. Große Vorsicht bei Altschnee, beim Aufstieg zur Kemptner Scharte Steinschlag beachten!

**Einkehr:** Berggasthaus Moser, Untere Wiesalp, Innere Wiesalp, Fluchtalp.

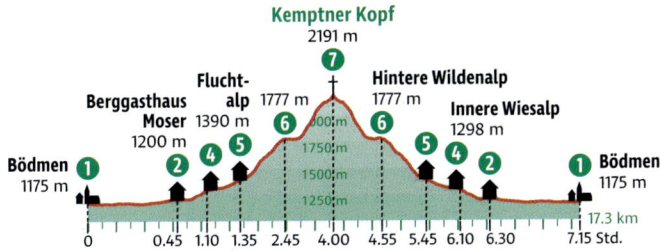

*Die Schafalpenköpfe bei der Hinteren Wildenalp.*

Von der Bushaltestelle Weiher in **Bödmen** ❶, an der Bundesstraße von Mittelberg nach Baad, folgen wir dem Fußgängerweg an der Breitach abwärts und der schmalen Straße Richtung Schwendle leicht bergan, auf die Walser Hammerspitze zuhaltend, zum Restaurant Schwendle. Ein Natursträßchen leitet uns durch den Wald zum **Berggasthaus Moser** ❷, 1200 m.

Auf dem mit »Fiderepasshütte« beschilderten, meist nur wenig steigenden Alpweg halten wir uns anschließend an zwei Abzweigungen Richtung Wiesalp, queren dabei den Wildenbach und wandern über Weideböden an der bewirtschafteten **Unteren Wiesalp** ❸ vorbei zur **Inneren Wiesalp** ❹, 1298 m. Bei der Einkehr schwenken wir in den Weg zur Fluchtalp ein. Unter den schroffen Bergflanken von Zwölferkopf und Elferkopf geht es durch das romantische Wildental einwärts auf

*Über der Kemptner Scharte ragt die Sechszinkenspitze auf.*

die wuchtigen Schafalpenköpfe zu. Ganz rechts ist bereits der Kemptner Kopf sichtbar.

Bei der wenig abseits unserer Route gelegenen, bewirtschafteten **Fluchtalp** ❺, 1390 m, folgen wir im Talschluss an der Station der Materialseilbahn zur Fiderepasshütte dem Steig Richtung Mindelheimer Hütte. Wenige Serpentinen überwinden nach einer Bachquerung am brausenden Wasserfall des ungestümen Wildenbachs vorbei eine steile Krummholzzone empor zu bescheidenen Alpböden. Es naht die gedrungene, auf einer Karschwelle stehende **Hintere Wildenalp** ❻, 1777 m. Das Gipfelkreuz des Kemptner Kopfs ist bereits erfreulich nahe gerückt.

Vor dem nun einsehbaren Aufstieg zur Kemptner Scharte könnte einem allerdings ein wenig bange werden. Doch dieser gestaltet sich halb so wild, wie er aussieht. Etwas oberhalb des hier noch recht braven, sich reizvoll dahinschlängelnden jungen Wildenbachs schlendern wir gemütlich hinein ins wüste, aber beeindruckende Trümmerkar unterm Liechelkopf. Über uns zur Linken kann man mit bloßem Auge Begeher des Mindelheimer Klettersteigs beobachten. Der Wegweiser zur Mindelheimer Hütte leitet eine problemlose, natürliche Bachquerung ein. Anschließend beginnt der etwas ausgesetzte, aber hervorragend angelegte Steig, der in schier unendlichen Kehren mit längeren, soliden Drahtseilsicherungen die schuttbedeckte, steile Schrofenflanke überwindet. In der Kemptner Scharte weist uns die Beschilderung zum Mindelheimer Klettersteig den weiteren Weg. Über den kurzen, anstrengenden und abschüssigen Grasgrat und die nur wenige Meter hohen, gut gestuften Gipfelschrofen, die ein bisschen Zupacken erfordern, gelangen wir zum grellen Blechkreuz auf dem kleinräumigen **Kemptner Kopf** ❼, 2191 m.

Der Abstieg erfolgt auf dem Aufstiegsweg.

# Die Walser

Eines der lange Zeit nahezu unberührten und am meisten von den Naturgewalten bedrohten Allgäuer Bergtäler wurde durch die unvorstellbar mühevolle Arbeit fleißiger und hartnäckiger Walser Bauern zu einem von gepflegten grünen Matten geprägten Kulturland umgestaltet: »der Mittelberg«. Diese Bezeichnung galt erst mal für den gesamten Talzug des heute politisch zu Vorarlberg gehörenden und wirtschaftlich Deutschland angegliederten Kleinwalsertals. Später ging der Name auf den zuvor Wüstner genannten Hauptort über.

Die alemannischen Einwanderer betraten zu einer Zeit ein »zertobeltes« Urwaldtal, als es draußen im nahen Illertal längst Bäckereien und Wirtshäuser gab. Allerdings noch keine arabischen Zahlen. Die brachten erst die Walser aus der während des 10. Jahrhunderts von Arabereinfällen heimgesuchten Südschweiz mit. Sie spielten auch eine bedeutende Vorreiterrolle in der Rinderzucht, Stallfütterung und Käseverarbeitung und mähten die Steilgrashänge mit einer speziellen Sensenart.

Wo kamen sie her und welche Wege benutzten die überraschend fortschrittlichen Neusiedler, die dem Tal der Breitach, von ihnen Landwasser genannt, seinen Namen gaben? Im späten 13. Jahrhundert verließen die Walser, von den Grafen von Montfort angeworben, aber auch durch kriegerische Unruhen und Naturkatastrophen bedingt, ihren eng gewordenen Heimatraum unter dem Matterhorn. Aus dem Schweizer Oberwallis wanderte das tapfere und kinderreiche Alemannenvölkchen auf verschiedenen Wegen nach Graubünden und Vorarlberg ein und ließ sich in vielen noch unbewirtschafteten Landesteilen nieder. Das Breitachtal betraten die ersten Walser um das Jahr 1300. Genaue Daten liegen nicht vor. Der Hauptstrom der Schweizer Kolonisten verlief dabei vom Tannberg über den Hochalppass in den Talschluss. Auch der Gemstelpass galt einst als beliebter Übergang. Aus dem hinteren Tal der Bregenzer Ach über das Starzeljoch kamen mit ziemlicher Sicherheit Neulandsuchende aus dem Damülser Raum hinzu.

Die stolzen, blonden Walliser Bauern mit der walserdeutschen Mundart waren mit dem Leben im rauhen Bergland aufs Engste vertraut und wagten sich bis in die entlegensten Winkel vor, um den steilen Hanglagen durch Rodungen Weideland abzuringen: »bis in den obristen Höhinen und freien Wildenen«. Selbst an den kühnsten Flyschhängen über abgrundtiefen Tobeln begannen sie die ersten Dauerwohnplätze einzurichten. Die engen Bachsohlen im Kleinwalsertal waren nicht besiedelbar.

Die Walser erhielten das Land als Erblehen gegen einen Laib Käse pro Haushalt und Jahr und genossen im Rechtswesen eine großzügige Sonderstellung, das sogenannte »Walserrecht«. Demnach durften sie als »freie Leute« die niedere Gerichtsbarkeit selbst ausüben.

Die Anwesen lagen früher inmitten des Gutes. So ergaben sich die typischen Streusiedlungen. Auf den Alpen dagegen lebte man in Dörfern, wie etwa in der Melköde.

Allgäuer Alpen

# Schlappoltkopf und Fellhorn, 2038 m
## Überschreitung von Nord nach Süd

**18**

| 3.00 Std. | 7,3 km | ↗ 445 m | ↘ 445 m |

### Botanisches Prunkstück über dem Warmatsgund
*Um sich die ersten 800 Höhenmeter des Aufstiegs aus dem Stillachtal zum aussichtsreichen Fellhornkamm zu sparen, lässt man sich einfach mit der Fellhornbahn bis zur Mittelstation »hochgondeln«. Die große Einsamkeit darf man dort oben über dem Warmatsgund verständlicherweise aber nicht erwarten. Der Andrang auf dem sanft geschwungenen Grenzkamm, der zwischen Bayern und Vorarlberg, vom Schlappoltkopf zum Fellhorn, dem stolzen Regenten der Allgäuer Flyschgipfel, verläuft, gleicht in der Regel eher einer modernen Wallfahrt. Dafür empfängt uns im Frühsommer bereits nach dem kurzen Abstieg Richtung Schlappoltalp am Söllerkopf ein blühendes Alpenrosenmeer, und schon bald darauf betritt man den Bergscheitel mit einer artenreichen Botanik von geradezu verschwenderischer Fülle.*

*Ab dem Gundsattel empfiehlt sich als drittes Gipfelziel die nahe Kanzelwand mit ihrem problemlosen Zugang über den Sattel bei der Bergstation Kanzelwandbahn. Den mit reichlich Geröll bedeckten Gipfelhang erreicht man durch eine winzige Einschartung. Der Felsberg ist auch unter der Bezeichnung Warmatsgundkopf bekannt.*

**Ausgangspunkt:** Faistenoy, Talstation Fellhornbahn, 920 m. Mit dem Bus von Oberstdorf erreichbar.
**Anforderungen:** Längerer steiler Anstieg. Pfade und Wanderwege, anfangs Fahrweg.
**Einkehr:** Mittelstation, Schlappoltalp, Bergstation, Obere Bierenwangalp.

*»Schumpen« nennt man das Allgäuer Jungvieh.*

Wir nehmen vom Oberstdorfer Ortsteil **Faistenoy** ❶ die Fellhornbahn bis zur **Mittelstation** ❷, 1780 m, und wandern mit herrlichen Bergblicken auf dem Fahrweg hinunter zum **Schlappoltsee** ❸, 1719 m. Flach geht's hinüber zur **Schlappoltalp** ❹, 1706 m, am Südfuß des Söllerkopfs mit beliebter Einkehrmöglichkeit. Auf einem zunehmend

# Allgäuer Alpen

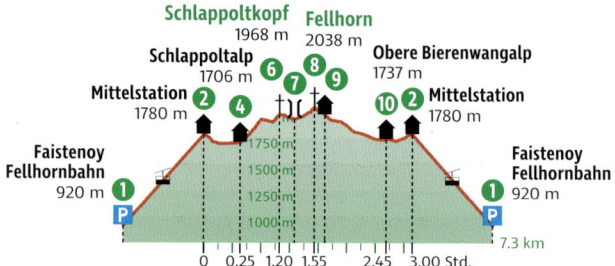

steiler werdenden Pfad steigen wir hinauf zur aussichtsreichen Kammhöhe, die wir auf einer **Gratkuppe** ❺, 1925 m, westlich des Söllerkopfs erreichen. Draußen weitet sich der Oberstdorfer Talkessel. Ein stets gut ausgetretener Graspfad leitet nun auf anregender Höhe zwischen Kleinwalsertal und Stillachtal mit Ausblicken zum Hohen Ifen und zum Gottesackerplateau über den harmlosen und nur gemächlich anwachsenden Bergscheitel zum blumengeschmückten **Schlappoltkopf** ❻, 1968 m.

Nach sanftem Abstieg zu einem wenig ausgeprägten **Sattel** ❼, 1925 m, erfolgt ein erneuter Aufschwung zum **Fellhorn** ❽, 2038 m, für dessen Zugang an manchen Tagen ein Platzkarten-Automat durchaus seinen Zweck erfüllen würde. Elegant bietet sich von hier die Zackenkrone der Höfats dar, in faszinierender Größe und Erhabenheit die kühnen Felsgestalten von Trettachspitze und

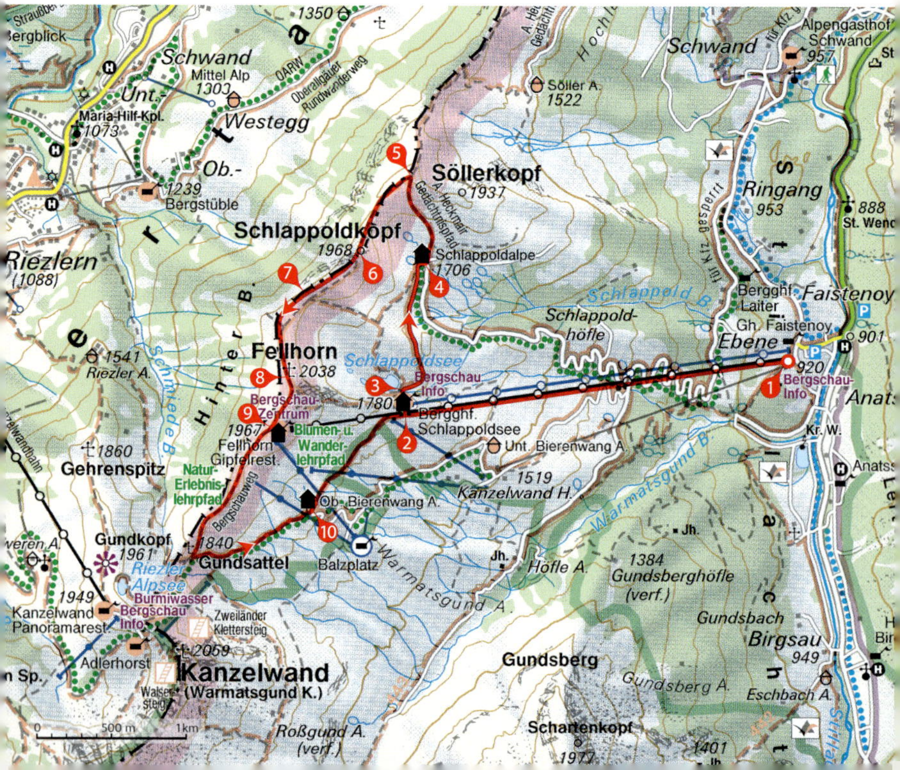

*Über dem Warmatsgund baut sich die Oberstdorfer Hammerspitze auf.*

Mädelegabel. Über der Kanzelwand bäumen sich die Zacken der Oberstdorfer Hammerspitze, Hochgehrenspitze und der Schafalpenköpfe auf. Trippeln wir, bevor wir unliebsam von der begehrten Aussichtsloge geschubst werden, gelassen die irrationale Holztreppe hinunter zur **Fellhornbahn-Bergstation** ❾, 1967 m, und folgen weiter in vergnügter Höhenbummelei dem leicht abfallenden Flyschkamm. Kurz vor dem Gundsattel verlassen wir den Kamm und schlendern auf einem breit angelegten Wanderweg bergab über Grashänge. Es naht die **Obere Bierenwangalp** ❿, 1737 m. Nach einem kleinen Gegenanstieg schließt sich bei der **Mittelstation** ❷ unsere eindrucksvolle Hochwanderung. Die Bergbahn bringt uns zurück nach **Faistenoy** ❶.

Allgäuer Alpen

# 19 Hohes Licht, 2651 m
### Über Einödsbach und Rappenseehütte

| 2 Tage | 26,9 km | ↗ 1810 m | ↘ 1810 m |

*Der Felskoloss über dem Heilbronner Weg*

*Das »Hoaliecht« steht nach dem sechs Meter höheren Großen Krottenkopf an zweiter Stelle in der Rangliste der Allgäugipfel. Dank der vom Allgäuer Hauptkamm weit vorspringenden Position ist der mächtige Hauptdolomitgeselle über dem Heilbronner Weg ein Aussichtsberg ersten Ranges: Jenseits des Lechtals ragen die markanten Attraktionen der Lechtaler Alpen auf. Der Blick reicht bis in die Stubaier, Ötztaler und Zillertaler Alpen und zum Ortler sowie in das Verwall, die Silvretta, den Rätikon und die Schweizer Berge. Wer kein Freund von Hüttenübernachtungen ist und sich deshalb lieber für eine ausgedehnte Tour entscheidet, der sollte sich möglichst noch vor Anbruch des Tages auf den weiten Weg machen oder aber auf das Fahrrad zurückgreifen. Man kann auch mit dem Bus von Oberstdorf bis in die Birgsau fahren und die Kutsche nach Einödsbach benützen.*

**Ausgangspunkt:** Faistenoy, 901 m. Mit dem Bus von Oberstdorf erreichbar.
**Anforderungen:** Lange Steilaufstiege. Steige und Pfade, anfangs Natursträßchen. Kurze, teils drahtseilgesicherte Steiganlage, etwas ausgesetzte Passagen. Nicht bei unsicherem Wetter oder nach einem Wettersturz! Als Zweitagestour mit Übernachtung auf der Rappenseehütte empfehlenswert.
**Einkehr:** In Birgsau und Einödsbach, Enzianhütte (jeweils mit Übernachtung) und Rappenseehütte (DAV Allgäu-Kempten, Mitte Juni bis Mitte Oktober, Tel. +49/8303/3299999), Petersalp.

### 1. Tag
Von der Bushaltestelle bei der Fellhornbahn in **Faistenoy** ❶ über Anatswald durchs Stillachtal zu den alten Häusern von **Birgsau** ❷, 949 m, empfiehlt sich das neben der Anliegerstraße verlaufende Natursträßchen. Trettachspitze, Mädelegabel und Hochfrottspitze – das vielfotografierte alpine Allgäuer Kleeblatt – beeindrucken in atemberaubender Größe. Nach dem bequemen Aufstieg am Fuß des Einödsbergs entlang, durch den Bergwald nach **Einödsbach** ❸, 1114 m, geht's auf einem anfangs flachen Wanderpfad, vom Gasthaus auf einem Steg das untere Bacherloch querend, durch einen Waldgürtel hinauf zur **Petersalp** ❹, 1296 m. Angesichts der imponierenden Schafalpen lohnt sich hier unter der jähen Heubaumflanke eine kleine Verschnaufpause.

*Die Rappenseehütte mit Linkerskopf und Rothgundspitze.*

*Das breit gelagerte Hohe Licht von der Großen Steinscharte aus betrachtet. Links über der Geröllhalde erkennt man am Steinschartenkopf die Kleine Steinscharte.*

Ein bald merklich aufsteilender Steig trägt uns über den Erlenhang empor zum Absatz mit der **Enzianhütte ❺**, 1780 m. Nach einem Erholungsabschnitt entlang der teilweise runsigen unteren Linkerskopf-Westflanke schwingt sich die Route hinauf zum Sattel am Mußkopf. Von dort ist es

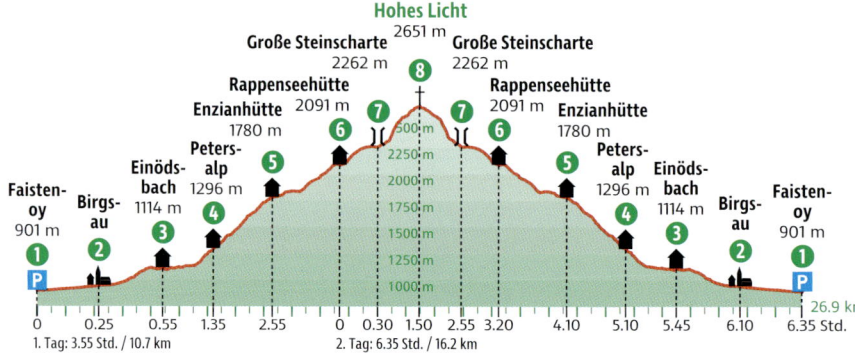

nur noch ein Katzensprung über die grasigen Hänge zur bereits im Jahre 1885 erbauten **Rappenseehütte** ❻, 2091 m, der Alpenvereinssektion Allgäu-Kempten. Die Hütte steht in einem malerischen Rund von beeindruckenden und brüchigen Hauptdolomit-Gipfeln.

## 2. Tag
Ein breit ausgetretener Pfad leitet uns von der Hütte über die Große **Steinscharte** ❼, 2262 m, an der Tiroler Grenze, mit Tiefblick zum Rappensee und prächtiger Ausschau zum neckisch zugespitzten Rappenköpfle. Gemütlich zwischen Rothgund- und Hochgundspitze hindurchspazierend, quert der angelegte, teils etwas felsdurchsetzte und stets hervorragend markierte Weg ein riesiges Trümmermeer. Imponierend der Rückblick durch das Naturfenster zwischen den beiden Gundspitzen. Vom Einstieg zum Heilbronner Weg führt uns die bestens präparierte Steiganlage, teils drahtseilversichert, kräftesparend bergan. Nach einer weiten Rechtsschleife zweigen wir an der Wegteilung rechts ab und mühen uns auf dem weiterhin breiten Steig empor über die schuttbedeckten Bänder der Nordwestflanke des Hohen Lichts. Teilweise etwas ausgesetzt gelangen wir im Bogen zum oberen Südwestgrat, der uns in Kürze auf das **Hohe Licht** ❽, 2651 m, bringt.
Der Abstieg erfolgt auf dem Anstiegsweg.

Allgäuer Alpen

# 20 Heilbronner Weg, 2615 m
## Von der Kemptner Hütte zur Rappenseehütte

**TOP** | 3 Tage | 31,3 km | ↗ 1950 m | ↘ 1870 m

### Wo die Berge am höchsten aufragen

*An Schönwettertagen tummeln sich nicht selten mehrere hundert Berghungrige auf dem Heilbronner Weg, dem Allgäuer Höhenweg »Nr. 1«. Die Schwierigkeiten dieses hochalpinen Weitwanderwegs mit Klettersteigcharakter, der dem Gratverlauf des Allgäuer Hauptkamms folgt, werden oftmals übertrieben dargestellt. Zumindest bei günstigen Wetterverhältnissen sind auf dem gesamten Weg keine nennenswerten Kletterkünste unter Beweis zu stellen und der eigentliche Heilbronner Weg, also der beispielhaft versicherte, oft felsige und gelegentlich ausgesetzte Steig zwischen der Bockkarscharte und der Kleinen Steinscharte, dauert allerhöchstens zwei Stunden. Diese landschaftlich überwältigende Etappe allerdings fesselt die Begeher in einer luftigen Höhe zwischen 2500 m und über 2600 m mit einem gewagten Routenverlauf. Der Höhenweg überklettert direkt zwei der höchsten Allgäuer Gipfel, den Bockkarkopf und den Steinschartenkopf. Rasche Wetterumschwünge mit Schneeschauern sind auch während des Hochsommers keine Seltenheit. Insbesondere bei Gewittergefahr kann es auf den mit Eisenmaterial versicherten Passagen riskant werden. Von Oberstdorf in die Spielmannsau kann man auch den Bus benützen und von Einödsbach zurück zum Ausgangspunkt Renksteg den Kutschen-Service in Anspruch nehmen.*

Die Krottenspitze.

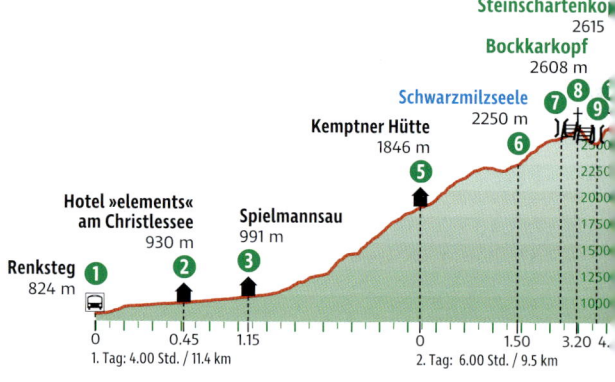

*Am Ausgang des Sperrbachtobels erblickt man den Kratzer.*

**Ausgangspunkt:** Renksteg, 824 m, an der Zufahrt von Oberstdorf zur Fellhornbahn; Mehrtages-Parkplatz nach 300 m, im Nordic Zentrum (7 Euro/Tag, nur Münzgeld). Mit dem Bus von Oberstdorf zu erreichen.

**Endpunkt:** Faistenoy, 901 m. Busverbindung über Renksteg nach Oberstdorf.

**Anforderungen:** Kurze steile und lange mittelsteile Abschnitte. Steige und Pfade, teils drahtseilgesicherte Steiganlage, im Talbereich Anliegersträßchen. Trittsicherheit und Schwindelfreiheit, Ausdauer und alpine Erfahrung sind neben Leichtsteigeisen Voraussetzung. Nicht bei unsicherem Wetter oder nach einem Wettersturz und wegen lang anhaltender Schneelage nicht vor Mitte Juli!

**Einkehr:** Hotel »elements« am Christlessee, Spielmannsau, Kemptner Hütte (DAV Allgäu-Kempten, Mitte Juni bis Mitte Oktober, Tel. +49/8303/3299999), Rappenseehütte (DAV Allgäu-Kempten, Mitte Juni bis Mitte Oktober, Tel. +49/8303/3299999), Enzianhütte, Einödsbach, Birgsau (je mit Übernachtung), Alp Oberau, Petersalp.

### 1. Tag

Bei der am Eingang ins Stillachtal gelegenen Bushaltestelle **Renksteg** ❶, an der Zufahrt von Oberstdorf zur Fellhornbahn, weist uns die Beschilderung »Christlessee« auf die bald ansteigende, schattige Privatstraße hinauf zum Golfplatz. Anschließend bleiben wir der nun flachen und schmaleren Fahrstraße Richtung Spielmannsau treu, die etwas oberhalb der rauschenden Trettach taleinwärts auf die elegante Felspyramide der Trettachspit-

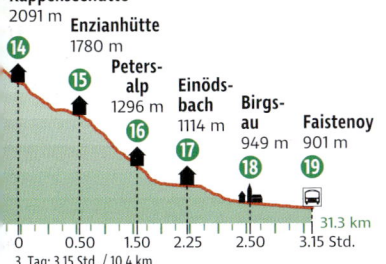

Allgäuer Alpen

ze zuhält. Vom idyllischen Christlessee mit Restaurant und **Hotel »elements« am Christlessee** ❷, 930 m, geht's in der Talsohle auf einem Naturstäßchen weiter, das von schmalen Wiesen und Weiden gesäumt wird. Nach einer Einmündung wechselt die Truppersoybrücke das Trettachufer. Vor uns öffnen sich die sogenannten Wilden Gräben, links der Kratzer. Unser Weg ist identisch mit dem Europäischen Fernwanderweg E5 Bodensee – Adria. Hinter der Kapelle Christi Geburt überschreiten wir die Traufbachbrücke und kommen zu den wenigen Häusern von **Spielmannsau** ❸, 991 m. Im Berggasthof können wir uns vor dem anstehenden langen Hüttenaufstieg noch eine Erfrischung genehmigen. Die schroffen Bergflanken treten nun näher heran. Wir wandern an der **Alp Oberau** ❹, 1004 m, mit kleiner Kapelle vorbei und achten wenig später auf die Abzweigung des Steiges Richtung Kemptner Hütte. Nur leicht steigend queren wir an der Trettach entlang durch lockeren Mischwald mehrere Sturzbachrinnen. Über uns beeindrucken jäh abstürzende Schrofenflanken. Die Vegetation ist jetzt so üppig, dass der teilweise felsige Steig freigemäht werden muss. Wo die beiden Tobel von Trettach und Sperrbach zusammenführen, wird der Wald von Buschwerk abgelöst. Die Route quert auf einem soliden Eisensteg den Sperrbach und überwindet anschließend einen steilen Aufschwung zum Marterl »Am Knie«. Nach einer Erholungsetappe zu einer weiteren Bachquerung mittels eines Leichtmetallstegs steigt unser mitunter ausgesetzter und versicherter Kurs am zunehmend eingezwängten Sperrbach wieder an. Der Fels regiert in dem nun düsteren Tobel, Pflanzen kämpfen ums Überleben. Vor uns ragt der Muttler auf. Selbst im Hochsommer bedecken abschnittsweise noch graue Lawinenreste den Bachgraben. Vom Tobelausgang geht's wieder gemütlich in einem Rechtsbogen mit einer letzten Bachquerung durch den Weidekessel hinauf zur **Kemptner Hütte** ❺, 1846 m, am Fuß des zerfurchten Kratzers.

## 2. Tag

Am nächsten Morgen gehen wir flach die Karmulde aus und verlassen ein Stück nach der Abzweigung zum Prinz-Luitpold-Haus, kurz vor dem Mädelejoch, den Fernwanderweg auf der Route zum Heilbronner Weg. Bis zur Tiroler Grenze steigt der Steig über teils schrofige Hänge deutlich bergan, dann folgt um den zerborstenen Kratzer herum über begrüntes, buckliges Gelände wieder eine genüssliche Höhenbummelei. Begeisternd sind die Ausblicke zum dominierenden Großen Krottenkopf und hinüber zum Gipfelmeer der Lechtaler Alpen. Unter uns öffnet sich das Schochenalptal. Erst nach den Mergelböden der Schwarzen Milz schwingt sich die Route vom **Schwarzmilzseele** ❻, 2250 m über öde, teilweise blockübersäte Schutthänge wieder spürbar in die Höhe. Wir kommen zum kleinen Schwarzmilzferner unter der Mädelegabel, stapfen vergnügt in der vorgetretenen Spur kaum spürbar ansteigend über das je nach Jahreszeit mehr oder weniger graue Leintuch und wandern anschließend um den Bergfuß der Hochfrottspitze herum zur **Bockkarscharte** ❼, 2504 m. Eine Hinweistafel macht jetzt auf den Beginn des eigentlichen Heilbronner Wegs aufmerksam. Bei zweifelhaftem Wetter, vor allem bei einem herannahenden Gewitter, ist der Abstieg von hier durchs Vordere Bock-

Oben: Der Heilbronner Weg wartet mit so manchem Höhepunkt auf – hier das Heilbronner Törl.
Rechts: Verbindungsgrat von der Kleinen Steinscharte zum Hohen Licht.

kar zum schützenden Waltenberger Haus ein Muss.
Bis zum Wilden Mann verläuft die kurzweilige Route nun parallel zur Landesgrenze. Unter beachtlichen Felsüberhängen quert der hervorragend angelegte und stets bestens markierte Steig hinüber zur nahen Westlichen Bockkarscharte und windet sich anschließend in mit einigen Drahtseilen gesicherten Kehren über den schrofigen Grat empor zum wuchtigen **Bockkarkopf** ❽, 2608 m. Prächtig gestaltet sich der Tiefblick in das Bacherloch und hinaus ins Stillachtal.
Auch das steile und etwas ausgesetzte Felsweglein erst auf der Nordseite, dann wieder am Grat entlang über eine Scharte, hinunter in die **Socktalscharte** ❾, 2446 m, ist abschnittsweise mit soliden Drahtseilen ausgestattet. Eine Haute Route, die man so recht nach Herzenslust genießen kann. Von der Scharte ist bei einem Wettersturz auf einem teils unangenehm abschüssigen Steig durchs Hintere Bockkar nochmals ein Notabstieg zum Waltenberger Haus möglich.
Ein neuerlicher Aufschwung mit Seilsicherungen führt uns nun über die erst schrofige, weiter oben geröllbedeckte Südostflanke empor zum nicht besonders bedeutenden Gipfel **Wilder Mann** ❿, 2577 m, den wir in wenigen Minuten weglos, aber ohne jegliche Probleme über ein Schuttdach von der Hauptroute aus erreichen. Wann bekommt man schon einen Zweieinhalbtausender fast geschenkt? Unter uns liegt das Wiesle-

kar, aus dem die Hochgundspitze aufragt.

Zurück auf dem Heilbronner Weg, der nun den Grenzkamm verlässt, steigt die Route nach einem kurzen flachen Abschnitt wieder an. Über ein kleines, felsiges Gratstück und einen Leichtmetallsteg erreichen wir den höchsten Punkt auf unserer dreitägigen Hochtour, den schön geformten **Steinschartenkopf** ⓫, 2615 m. Dieser liegt wieder vollkommen auf Tiroler Hoheitsgebiet. Unmittelbar vor unserer Nase ragt das eindrucksvolle Hohe Licht auf, der zweithöchste Gipfel der Allgäuer Alpen.

Der anspruchsvolle, ausgesetzte Steilabstieg zur **Kleinen Steinscharte** ⓬, 2541 m, präsentiert uns nun sozusagen die Schlüsselstelle des Heilbronner Wegs. Die berühmte Leiter macht mit ihrer respektablen Höhe das Abklettern eines ungemein steilen Felsabbruchs möglich. Einer sonntäglichen Drängelei muss man hier einfach völlig gelassen ins Auge sehen: Einer nach dem anderen. Über ein paar plattige Stufen und zwei Hilfsschlingen geht es unterhalb des Grates hinab zum Heilbronner Törl, einer witzigen Felsenge.

Anschließend queren wir gemütlich die Wandabbrüche des Hohen Lichts und steigen nach einer Rechtsschleife beim Ende des Heilbronner Wegs an den letzten Versicherungen hinunter in ein riesiges Trümmermeer. Ein breit angelegter Pfad leitet uns über die **Große Steinscharte** ⓭, 2262 m, wo wir zwischen Hochgundspitze und Rothgundspitze durch ein prächtiges Naturfenster wieder die Grenze nach Bayern überschreiten. Endlich legt die Umgebung nun wieder ihr allgäu-typisches grünes Kleid an. Unter uns der Rappensee mit dem neckisch zugespitzten Rappenköpfle. Nur noch ein unbeschwerter Spaziergang ist's, am Anfang noch über einen Geröllhang, talwärts bis zur **Rappenseehütte** ⓮, 2091 m, der Alpenvereinssektion Allgäu-Kempten, die in einem malerischen Rund von beeindruckenden und brüchigen Hauptdolomit-Gipfeln steht.

## 3. Tag

Wir wandern auf einem Grassteig in Kehren hinunter zum Sattel am Mußkopf, wo sich die Route Richtung Einödsbach an einer Gabelung nordwärts wendet. Nach einem Abstieg über einen kleinen Steilhang bummeln wir entlang der teilweise runsigen unteren Linkerskopf-Westflanke hinüber zur **Enzianhütte** ⓯, 1780 m. Dort lohnt der herrliche Ausblick übers Rappenalpental zu den imponierenden Schafalpen eine kleine Pause.

Dann steigen wir in zwei weiten Schleifen, wobei wir ein paar Bachrinnen queren, über den steilen Erlenhang bergab zu den Weiden der **Petersalp** ⓰, 1296 m. Ein im weiteren Verlauf flacher Pfad führt uns über bewaldete Hänge und auf einem Steg über das untere Bacherloch zu den wenigen Häusern von **Einödsbach** ⓱, 1114 m.

Auf einem bequemen Natursträßchen schlendern wir am Fuß des Einödsbergs entlang talauswärts. Ab den alten Häusern von **Birgsau** ⓲, 949 m, empfiehlt sich über Anatswald durchs Stillachtal bis zur Bushaltestelle (Bus zum Renksteg) bei der Fellhornbahn in **Faistenoy** ⓳ das neben der Anliegerstraße verlaufende Natursträßchen. Rückblickend beeindrucken Trettachspitze, Mädelegabel und Hochfrottspitze in atemberaubender Größe. Ein wahrlich krönender Abschluss.

Allgäuer Alpen

# Mädelegabel, 2645 m
## Durchs Bacherloch

**21**

| 2 Tage | 23,7 km | ↗ 1820 m | ↘ 1820 m |

### Wer ist die Schönste im ganzen Land?

*Immer wieder bekommt man von den Allgäuern selbst zu hören, ihr schönster und höchster Berg sei die Mädelegabel. So sehr lieben sie ihren mehr als 1800 m über Oberstdorf aufragenden Dolomit-Felsenspitz, dass sie ihn bestimmend und ohne mit der Wimper zu zucken in der Höhenrangliste dem Großen Krottenkopf, dem Hohen Licht und der Hochfrottspitze voranstellen. Bei Nässe ist der anstrengend steile, kurzzeitig ausgesetzte und etwas steinschlaggefährdete Hüttenzugang, dem man eine gewisse Dramatik nicht ganz absprechen kann, nicht zu empfehlen. Der Gipfelaufstieg sollte nur bei schneefreiem Zustand gewagt werden. Will man seine Kräfte schonen, lässt man sich in der Kutsche von Oberstdorf nach Einödsbach fahren oder benützt das Fahrrad.*

**Ausgangspunkt:** Faistenoy, 901 m. Mit dem Bus von Oberstdorf erreichbar.

**Anforderungen:** Lange Steilaufstiege. Teils drahtseilgesicherte und etwas ausgesetzte Steige, zu Beginn Anliegersträßchen. Bereits für den Hüttenanstieg Trittsicherheit und Schwindelfreiheit erforderlich, bei Nässe unangenehm. Leichte Kletterei (I) in mitunter schuttbedecktem Fels. Nicht bei unsicherem Wetter oder Neuschnee! Als Zweitagestour mit Übernachtung im Waltenberger Haus ratsam. Bis zum Schwarzmilzferner mittelschwer.

**Einkehr:** In Birgsau und Einödsbach (jeweils mit Übernachtung) sowie Waltenberger Haus (DAV Allgäu-Immenstadt, Mitte Juni bis Anfang Oktober, Tel. +49/8303/3299999).

*Trettachspitze, Mädelegabel und Hochfrottspitze von Einödsbach.*

Allgäuer Alpen

## 1. Tag

Von der Bushaltestelle bei der Fellhornbahn in **Faistenoy** ❶ über Anatswald durchs Stillachtal zu den alten Häusern von **Birgsau** ❷, 949 m, empfiehlt sich das neben der Anliegerstraße verlaufende Naturstäßchen. Ein bequemer Aufstieg führt uns am Fuß des Einödsbergs entlang durch den Bergwald nach **Einödsbach** ❸, 1114 m, mit Kapelle. Dort lenkt uns der Wegweiser zum Waltenberger Haus auf einen Steig, der wenig oberhalb eines Wildbachs kaum ansteigend am Viehstall der Bacheralp vorbei und über Grashänge, den Ausgang des Hölltobels querend, hinein in die enge Talkerbe

*Das Waltenberger Haus, idealer Stützpunkt für eine Mädelegabel-Besteigung.*

des Bacherlochs leitet. Unter riesigen, zerfurchten Steilgrasflanken und Schrofenhängen (Steinschlaggefahr!) geht's über den Sturzbach des Katzentobels und bald darauf in Kehren und über ein paar weitere Gräben teils durch Buschwerk bergan. Unterm sogenannten Schneeloch schwingt sich unsere Route nach einem Flachstück unter düsteren Felsabstürzen in einem weiten Linksbogen über das »Wändle« empor, einen mit Drahtseilen und Leichtmetallstegen gesicherten, etwas feuchten Schrofenriegel, der einen sicheren Tritt und einen schwindelfreien Begeher erfordert. Weiter über Grashänge, zwischendurch eine Geröllhalde und einen letzten Bachgraben querend, streben wir dem auf einem noch begrünten Sporn unter den Bergen der Guten Hoffnung stehenden **Waltenberger Haus** ❹, 2083 m, der DAV-Sektion

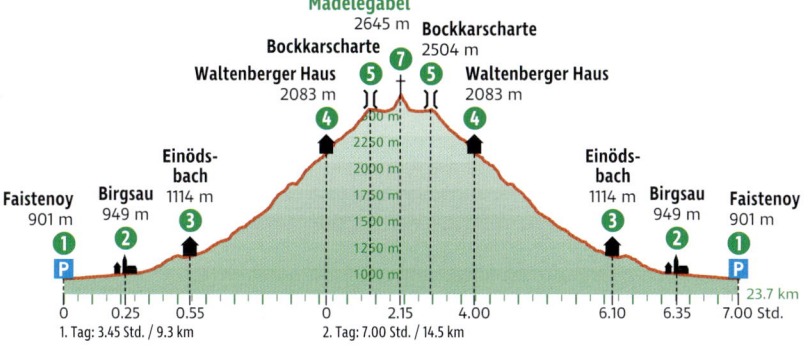

*Mädelegabel und Hochfrottspitze von Norden.*

Allgäu-Immenstadt zu, einem modernen Neubau. Über dem Vorderen Bockkar erhebt sich der breite Bockkarkopf. Jenseits des Bacherlochs ragen die Rothgundspitze und der höchste Allgäuer Grasberg auf, der Linkerskopf. Auch der Tiefblick aufs Stillachtal prägt sich ein.

### 2. Tag

Mühsam steigen wir auf einem Geröllsteig über das Vordere Bockkar bergan. Ein ewiger Hatscher. Der letzte, sehr steile und schrofige Abschnitt in die **Bockkarscharte** ❺, 2504 m, an der Staatsgrenze ist mit Drahtseilen gesichert. Genau genommen betreten wir den Hauptkamm etwas nordöstlich der Scharte. Vor uns breiten sich die Lechtaler Alpen aus.

Wir wenden uns von der Wegteilung am Beginn des Heilbronner Wegs in Richtung Kemptner Hütte um den Bergfuß der Hochfrottspitze herum und kommen zum **Schwarzmilzferner** ❻, 2485 m. Ob es sich hierbei wirklich noch um einen echten

Gletscher handelt oder ob der Ferner (Tiroler Bezeichnung für Gletscher) nicht vielmehr die Bezeichnung Firnfeld verdient, darüber sollen sich die Glaziologen streiten. Wir müssen jedenfalls keine ernsthafte Sorge wegen eines lebensbedrohenden Spaltensturzes tragen und stapfen vergnügt in der vorgetretenen Spur über das – je nach Jahreszeit mehr oder weniger graue – Leintuch sanft bergab. Am Ende des Schwarzmilzferners erfolgt der Einstieg zur nicht mehr weit entfernten Mädelegabel. Von einer kleinen Scharte oberhalb der wilden Trettachrinne leitet ein hervorragend bezeichneter Steig in hochalpiner Umgebung über den etwas abgespeckten, geräumigen Ostgrat in leichter und reizvoller Kletterei zum Gipfelkreuz der **Mädelegabel** ❼, 2645 m. Die teilweise schuttbedeckten, steilen Felspartien erfordern große Achtsamkeit, um Nachfolgende nicht mit Steinschlag zu bedrohen. Besonders imponierend ist der Tiefblick auf die Westwand der Trettachspitze.

Der Abstieg erfolgt auf dem Anstiegsweg.

Allgäuer Alpen

## 22 Großer Krottenkopf, 2656 m
### Rundtour über den Kalten Winkel

| 2 Tage | 31,3 km | ↗ 2030 m | ↘ 2030 m |

### Durch den Sperrbachtobel

*Wer an einem klaren Herbsttag die Aussicht vom klotzigen Großen Krottenkopf bewundert, dem quellen fast die Augen über. Trotz ihrer beachtlichen Höhe und des imponierenden Aussehens verlangt die zur Hornbachkette gehörende höchste Bergspitze der Allgäuer Alpen keinerlei Kletterkünste. Sie ist jedem einigermaßen konditionsstarken und trittsicheren Bergwanderer zugänglich. Als Tagestour von Oberstdorf aus setzt der Hauptdolomitriese mit einem satten Höhenunterschied im Vergleich zu einer Besteigung aus dem Lechtal allerdings Maßstäbe. Mit dem Bus bis in die Spielmannsau lässt sich der Zugang ein wenig abkürzen, ebenso mit dem Fahrrad zur Materialseilbahn der Kemptner Hütte.*

**Ausgangspunkt:** Renksteg, 824 m, an der Zufahrt von Oberstdorf zur Fellhornbahn. Mit dem Bus von Oberstdorf erreichbar.
**Anforderungen:** Langer, anstrengender Steilaufstieg. Steige mit ausgesetzten Passagen und zu Beginn Anliegersträßchen. Trittsicherheit erforderlich.

*Die Westseite des Großen Krottenkopfs.*

Nicht bei unsicherem Wetter! Als Zweitagestour mit Übernachtung in der Kemptner Hütte empfehlenswert.
**Einkehr:** Hotel »elements« am Christlessee, Spielmannsau (mit Übernachtung), Kemptner Hütte (DAV Allgäu-Kempten, Mitte Juni bis Mitte Oktober, Tel. +49/ 8303/3299999), Alp Oberau.

### 1. Tag

Bei der am Eingang ins Stillachtal gelegenen Bushaltestelle **Renksteg** ❶, an der Zufahrt von Oberstdorf zur Fellhornbahn, weist uns die Beschilderung »Christlessee« auf die bald ansteigende, schattige Privatstraße hinauf zum Golfplatz. Anschlie-

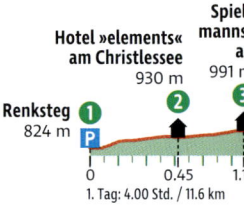

1. Tag: 4.00 Std. / 11.6 km

*Die Hornbachkette mit der eleganten Marchspitze vom Großen Krottenkopf.*

ßend bleiben wir der nun flachen und schmaleren Fahrstraße Richtung Spielmannsau treu, die etwas oberhalb der rauschenden Trettach taleinwärts auf die elegante Felspyramide der Trettachspitze zuhält. Vom idyllischen Christlessee mit Restaurant und **Hotel »elements« am Christlessee** ❷, 930 m, geht's in der Talsohle auf einem Natursträßchen weiter, das von schmalen Wiesen und Weiden gesäumt wird. Nach einer Einmündung wechselt die Truppersoybrücke das Trettachufer. Vor uns öffnen sich die sogenannten Wilden Gräben, links der Kratzer. Unser Weg ist identisch mit dem Europäischen Fernwanderweg E 5 Bodensee Adria. Hinter der Kapelle Christi Geburt überschreiten wir die Traufbachbrücke und kommen zu den wenigen Häusern von **Spielmannsau** ❸, 991 m. Im Berggasthof können wir uns vor dem langen Hüttenaufstieg noch eine Erfrischung genehmigen. Die schroffen Bergflanken treten nun näher heran. Wir wandern an der **Alp Oberau** ❹ mit Kapelle vorbei und achten wenig später auf die Abzweigung des Steiges Richtung Kemptner Hütte. Nur leicht steigend queren wir an der Trettach entlang

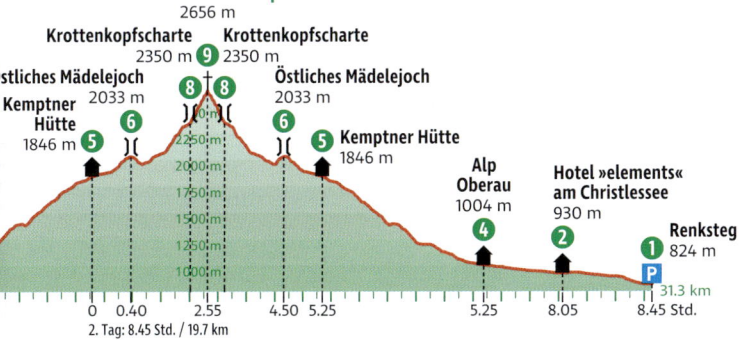

*Der Allgäuer Hauptkamm zwischen Krottenkopf und Trettachspitze.*

durch lockeren Mischwald mehrere Sturzbachrinnen. Über uns beeindrucken jäh abstürzende Schrofenflanken. Die Vegetation ist jetzt so üppig, dass der teilweise felsige Steig freigemäht werden muss. Wo die beiden Tobel von Trettach und Sperrbach zusammenführen, wird der Wald von Buschwerk abgelöst. Die Route quert auf einem soliden Eisensteg den Sperrbach und überwindet anschließend einen steilen Aufschwung zum Marterl »Am Knie«. Nach einer Erholungsetappe zu einer weiteren Bachquerung mittels eines Leichtmetallstegs steigt unser mitunter ausgesetzter und gesicherter Kurs am zunehmend eingezwängten Sperrbach wieder an. Der Fels regiert in dem nun düsteren Tobel, Pflanzen tun sich hier schwer. Vor uns ragt der Muttler auf. Selbst im Hochsommer bedecken abschnittsweise noch graue Lawinenreste den Bachgraben. Vom Tobelausgang geht's wieder gemütlich in einem Rechtsbogen mit einer letzten Bachquerung durch den Weidekessel hinauf zur **Kemptner Hütte** ❺, 1846 m, am Fuß des zerfurchten Kratzers.

**2. Tag**
Kurz nach dem rege besuchten Alpenvereinshaus verlassen wir an einer Gabelung Richtung Prinz-Luitpold-Haus die Hauptroute des Fernwanderwegs und steigen sanft bergan über die sogenannten Nachtböden. Eindrucksvoll ist die Ausschau zu den bizarren Krottenspitzen. Bald schon teilt sich die Route abermals. Wir folgen dem zur Hermann-von-Barth-Hütte führenden Steig. **Östliches Mädelejoch** ❻, 2033 m (auch: Oberes Mädelejoch), heißt der Grenzübergang nach Tirol, wo der Aufstieg zum Muttlerkopf abzweigt. Direkt im Osten bannt jetzt der Große Krottenkopf mit seinen beachtlichen Westabstürzen unseren neugierigen Blick. Immer noch ein ordentliches Stück Weg. Rechts des Regenten schließt sich der Ramstallkopf an, unter uns öffnet sich das Höhenbachtal.
Hinunter in das **Roßgumpenkar** ❼, 1960 m, verlieren wir leider auch noch deutlich an Höhe. Unter einem Schrofenriegel entlang werden daraufhin nur unmerklich ansteigend ein paar Quellbäche überschritten.

Allgäuer Alpen

Die Umgebung zeigt sich immer wüster, aber alles andere als eintönig. An der Verzweigung in einer Bachrinne setzt der mühsame, nach obenhin teils schrofige Geröllhaldenaufstieg im schier endlosen Zickzack zur **Krottenkopfscharte** ❽, 2350 m, an, ein echter Wadenschinder. Da hilft nur eins: öfter mal eine Pause einlegen und den Blick zur Mädelegabel genießen.

In der Scharte weist uns die Beschilderung zum Großen Krottenkopf. Zwischendurch leiten felsige Bänder und Stufen über das Südwestdach empor bis knapp unter den unscheinbaren Kleinen Krottenkopf. Ein stolzer Gipfel nach dem anderen entwächst unterwegs der langgezogenen Hornbachkette und den Lechtaler Alpen im Süden. Unser Steig schwenkt zuletzt in einem Linksbogen ab und überwindet ohne große Probleme, aber ausgesetzt den Gipfelaufbau zum kreuzgeschmückten Regenten **Großer Krottenkopf** ❾, 2656 m.

Der Abstieg erfolgt auf dem Anstiegsweg.

Allgäuer Alpen

# 23 Schneck, 2268 m
## Durchs Oytal

| 10.45 Std. | 30,8 km | ↗ 1510 m | ↘ 1510 m |   |

### Reitsitz oder Balanceakt?

*So einen Gipfel gibt es nur einmal! Grasfluchten, so steil wie das Dach eines gotischen Doms, und Felswände, lotrecht, ja sogar überhängend. Dazu noch der scheinbar messerscharfe Rädlergrat zum Himmelhorn, das in atemberaubender Eleganz aus dem Schneckmassiv hervorspringt. Der luftige Übergang vom Vorgipfel zum zehn Meter höheren Hauptgipfel erweist sich durchaus als Herausforderung, nicht nur im aufrechten Gang. Am sichersten bedient man sich der zwar knappen, aber zuverlässigen Griffe und Tritte etwas unterhalb der felsigen Nabelschnur. Wem der Magen bei dem Tanz zwischen Himmel und Erde zu rebellieren beginnen sollte, der setzt sich einfach faul auf die kühne Schneide und reitet gemächlich hinüber. Stört der lange Talmarsch, lässt man sich von Oberstdorf bequem mit der Kutsche zum Oytalhaus fahren oder nimmt das Bike bis zur Käseralp.*

*Eine Tour auf den Schneck verlangt zuverlässiges Wetter.*

**Ausgangspunkt:** Oberstdorf, Bahnhof, 815 m. Mit dem Zug von Sonthofen erreichbar.

**Anforderungen:** Kurze steile Anstiege. Steige und Alpwege, zuletzt Trittspuren. Leichte Kletterstellen (I) erfordern Trittsicherheit und Schwindelfreiheit. Nicht bei Nässe oder Neuschnee! Bis zum Vorgipfel mittelschwer.

**Einkehr:** Oytalhaus, Untere Gutenalp, Käseralp.

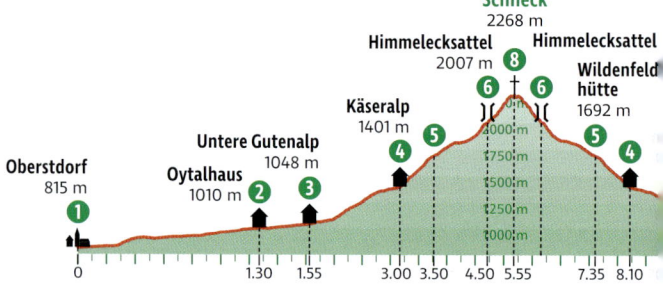

*Schaustück des Bärgündeletals: die Schneck-Ostwand.*

Vom Bahnhof in **Oberstdorf** ❶ gehen wir hinein in den Ort und folgen bei der Raiffeisenbank der Nebelhornstraße. Außer Fußgängern und Radlern sind hier nur Anliegerfahrzeuge unterwegs. Nach der Trettachbrücke geht's hinauf zu den Schattenbergschanzen. Dort beachten wir den Wegweiser »Berggasthof Oytalhaus« und spazieren unterhalb der Schanzen auf dem Alpsträßchen Richtung Käseralpe. Der Kurs schwenkt bald vom Trettachtal ab und leitet am Oybach entlang, im weiteren Verlauf ohne Teerdecke, durch eine herrliche Ahornallee taleinwärts zum **Oytalhaus** ❷, 1010 m, einer beliebten Einkehr.

Ein Kiesweg quert anschließend den Bachlauf und hält über die flachen Alpweiden auf das gewaltige Massiv von Schneck und Himmelhorn zu. Auch der Große und der Kleine Wilde rücken langsam ins Bild. **Untere Gutenalp** ❸, 1048 m, heißt die nächste Einkehr. Anschließend öffnet sich jenseits des Talbodens der wilde Rauhenhalstobel, darüber die riesigen Wandfluchten der Höfats. Wir schreiten durchs Schotterbett des Laufbachs und wechseln zwischen dem Himmelhorn und dem

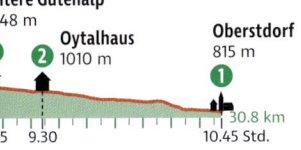

kecken Seilhenker das Ufer des Stuibenbachs. Nur noch ein paar Alpwegkehren sind's, unter dem gischtenden Stuibenfall den Schartenbach überschreitend, hinauf zu den Weidenböden der **Käseralp** ❹, 1401 m, wo eine deftige Brotzeit auf uns wartet.

Frisch gestärkt wandern wir auf dem anfangs noch breit angelegten Weg links hinauf durch die Strauchzone zur kleinen **Wildenfeldhütte** ❺, 1692 m, unter der Scharte zwischen Großem und Kleinem Wilden. Dort nimmt uns nördlich der markierte Höhenweg von der Kemptner Hütte zum Prinz-Luitpold-Haus auf. Dieser quert den Geröllstrom des Wildenfelds unterm Großen Wilden hindurch zum Mitteleck und steigt über ein paar Kehren bergan zum **Himmelecksattel** ❻, 2007 m.

Dort verlassen wir die Route zum Luitpoldhaus. Auf Trittspuren gewinnen wir über steile, aber gut begehbare Grasstufen den **Vorgipfel** ❼, 2259 m, des Schnecks. Nun heißt's allen Mut zusammenfassen!

Übermut jedoch könnte böse Folgen haben. Wir steigen behutsam ein paar Meter bergab und stehen nach wenigen leichten Kletterstellen in gutgriffigem Fels (I) am Beginn der beinahe messerscharf wirkenden Schneide zum Hauptgipfel. Rechts unterhalb der horizontalen Gratlinie, im letzten Abschnitt auf der Gegenseite, finden sich gut gangbare Leisten und Tritte, allerdings sehr luftig! Die Alternative: Im Sitzen gibt man zwar nicht die sportlichste Figur zum Besten, doch Hauptsache man fühlt sich wohl bei der abenteuerlichen Gymnastikübung ohne doppelten Boden. Die technischen Schwierigkeiten übersteigen nirgends den I. Grad. Aufatmend, aber nicht ganz ohne Beklemmung steigt man ohne weitere Probleme die paar Meter über Schrofen und Graspolster hinauf zum **Schneck** ❽, 2268 m. Schließlich muss man auf des Messers Schneide ja auch wieder zurücktanzen.

Der Abstieg erfolgt auf dem Anstiegsweg.

Allgäuer Alpen

## 24 Hochvogel, 2592 m, und Kreuzspitze, 2367 m
### Rundtour über den Kalten Winkel

2 Tage | 19,4 km | ↗ 1630 m | ↘ 1630 m

*Schönster Berg der Allgäuer Alpen*
*So augenfällig sich der Berg der Berge auch von zahlreichen Voralpenhöhen aus präsentiert, so rar macht er sich während des Aufstiegs selbst. Erst lange nach dem Prinz-Luitpold-Haus setzt er sich unvermittelt in Pose. Eine Hochvogelbesteigung in Verbindung mit einer Überschreitung der in der Kaltwinkelscharte ansetzenden Kreuzspitze gehört zu den abwechslungsreichsten, allerdings auch zu den längsten Gipfelaufstiegen in den Allgäuer Hochalpen. Wegen des brüchigen Hauptdolomit-Gesteins und der geröllbedeckten Passagen ist sauberes Steigen angesagt. Ob man den Bus bis zum Giebelhaus nimmt oder mit dem Mountainbike bis zur Unteren Bärgündelealp kutschiert, vielleicht sogar zu Fuß die Marathontour von Hinterstein aus angeht, hängt hauptsächlich von der individuellen Kondition ab. Die Aussicht vom steinernen Adler erfüllt alle Erwartungen. Unter den weit entfernten bekannten Gipfeln seien nur der Großvenediger, die Parseierspitze, der Ortler, der Hohe Riffler sowie der Säntis erwähnt. Wegen zu erwartender Felsstürze ist der südseitige Aufstieg über den Bäumenheimer Weg seit 2014 gesperrt.*

**Ausgangspunkt:** Berggaststätte Giebelhaus, 1065 m; erreichbar per Bus von der Kapelle (Haltestelle) im Hinterdorf von Hinterstein (Busverbindung über Bad Hindelang nach Sonthofen).
**Anforderungen:** Anhaltend steile Aufstiege. Steige und Steigspuren, anfangs meist geteerte Alpwege. Leichte Kletterstellen (I) in teils brüchigem Fels erfordern Trittsicherheit und Schwindelfreiheit. Lange und mitunter ausgesetzte Drahtseilabschnitte an der Kreuzspitze (Gefahr bei Gewitter). Nicht bei unsicherem Wetter oder Neuschnee, große Vorsicht bei Hartschnee im Kalten Winkel (Wanderstöcke und Leichtsteigeisen dringend anzuraten)! Als Zweitagestour mit Übernachtung im Prinz-Luitpold-Haus empfehlenswert. Bis zur Balkenscharte mittelschwer.
**Einkehr:** Giebelhaus, Untere Bärgündelealp, Prinz-Luitpold-Haus (DAV Allgäu-Immenstadt, Anfang Juni bis Anfang Oktober, Tel. +49/8303/3299999; siehe Hinweis).
**Hinweis:** Nach Umbauarbeiten ist das Prinz-Luitpold-Haus voraussichtlich ab Anfang Juni 2022 wieder geöffnet.

*Der Glasfelderkopf am Prinz-Luitpold-Haus.*

## 1. Tag

Wir nehmen von der Kapelle im Hinterdorf von Hinterstein den Bus zur **Berggaststätte Giebelhaus** ❶. 1065 m. Dort orientieren wir uns an der Beschilderung zum Luitpoldhaus und verlassen nach der Brücke über den Obertalbach die nun schmalere, aber weiterhin geteerte Fahrbahn. Hinter der Alphütte leitet am Fuß des Giebels ein unbeschilderter Steig über den Weidehang empor, der später gemütlich durch lockeren Mischwald an der steilen Bergflanke entlangschleicht. Vor uns zeigt sich die Krone des Glasfelderkopfs. Auf der anderen Talseite stürzt der Täschlefall über eine Felsstufe. Die Route mündet wieder in den bekannten Alpweg, dem wir über eine Serpentine und meist über Alpweiden weiter taleinwärts folgen. Zwischen der Fuchskarspitze und dem Wiedemer Kopf ist auf der markanten Karschwelle das Luitpoldhaus schon sichtbar. Bei einem Weidegatter kann man auch die beschilderte Abkürzung zur Unteren Bärgündelealp wählen. Der Steig über den Wildbachtobel kostet allerdings einen zusätzlichen Anstieg. Auf dem bequemeren Hauptweg kommt man an der berühmten und denkmalgeschützten, etwa 2000 Jahre alten Eibe vorbei, deren reichlich durch-

*Über den Bärgündelealpen baut sich der Wiedemerkopf auf.*

löcherter Stamm nicht zu übersehen ist. Kurz zuvor veranstalten bei der Talstation der Materialseilbahn zum Luitpoldhaus die niederstürzenden Quellbäche ein lautstark vernehmbares Konzert. Unmittelbar vor der kleinen **Pointhütte** ❷, 1319 m, achten wir auf den Wegweiser »Alpe Bärgündle«. Der hier abzweigende flache und rauhe Alpweg quert auf

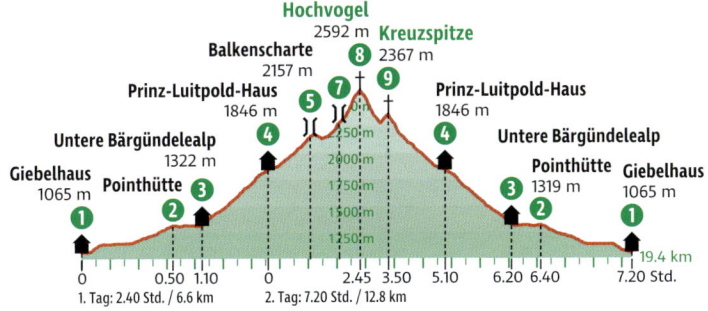

einer Holzbrücke den Stierbach. Eisenstege erleichtern zwei weitere Bachquerungen. Hauptattraktion des krönenden Talschlusses, in dem zeitweise noch der Adler horstet, ist die schneidige Aptychenkalk-Nase des Schnecks. Dieser präsentiert hier seine bewundernswerteste Seite: die überhängende Ostwand. Die **Untere Bärgündelealp** ❸, 1322 m, mit ihrem weit heruntergezogenen Walmdach wird uns nach dem langen Talmarsch mit einem verlockenden Brotzeitangebot erfreuen.

In meist angenehmer Steigung geht's anschließend auf dem breit ausgetretenen und mitunter felsigen Steig an einem Wasserfall vorbei, hinauf durch die Krummholzzone und über das Weidegelände der Oberen Bärgündelealp. Stege sorgen dafür, dass wir beim Überschreiten zweier Sturzbäche trockene Füße behalten. Nochmals sind ein paar glitzernde Wasserfälle zu bestaunen, dann ist es über den Geröllhang am Fuß des Wiedemerkopfs empor nicht mehr weit bis zum ersehnten **Prinz-Luitpold-Haus** ❹, 1846 m, mit prächtigem Blick auf den Daumen.

Über dem Hüttenstandort mit den beiden nicht alltäglichen Dreikantgebäuden – Winterraum und Kläranlage – thront mit wilden Schichtenwindungen die aus Hauptdolomit auffallend geformte Fuchskarspitze. Rechts des landschaftlich außerordentlich reizvoll gelegenen Alpenvereins-Stützpunktes zeigt auch der klotzige Wiedemer anschaulich, wie die ursprünglich einmal horizontalen Schichten mittels unvorstellbarer Kräfte in die verwegensten, überkippten Falten gelegt wurden. Die prägnant ausgewitterten Felsstrukturen in der Berührungszone zwischen Allgäu- und Lechtaldecke liegen bloß wie ein aufgeschlagenes Lehrbuch der Geologie. Vom Luitpoldhaus erkennt man auch bereits das Kreuz des prominenten Gipfelziels.

## 2. Tag

Der Richtung Hochvogel beschilderte Steig quert nun oberhalb des kleinen Sees gemütlich das Kar am Wiedemer. In der Falllinie des Kreuzkopfs weist uns das Wegschild über einen Sturzbach. Nach einer kleinen Felsstufe werden die quirligen Bergwasser abermals gequert. An der Verzweigung unter der neckischen, kreuzgeschmückten Felsnadel des Balkens richten wir uns nach der Bezeichnung »Hochvogel über Kalter Winkel«. Faszinierend ist der Blick zur zerschrundenen Fuchskarspitze mit ihren senkrecht gestellten Schichten. Im Zickzack geht's bald steil bergauf über den anfangs begrünten Schutthang zur **Balkenscharte** ❺, 2157 m. Unter uns befindet sich das Fuchskar und der Talschluss des Schwarzwassertals.

Nach der Grenzüberschreitung auf die Tiroler Seite leitet der Hochvogel-Wegweiser die flache Querung der Geröllflanke östlich unterm Kreuzspitz-Nordgrat ein. Zwischendurch sorgen ein paar leichte Felspassagen auf dem stets bestens markierten Steig für Abwechslung. Der anschließende kurze Felsenübergang über das **Sättele** ❻, 2136 m, einem Gratast der Kreuzspitze, ist mit ein paar Eisenstiften gesichert (I) und verlangt ein kurzes Zupacken. Hier steht man plötzlich vor dem stolzen Regenten, der von der Nähe allerdings lange nicht mehr so solide gemauert und kantig wirkt wie aus dem Alpenvorland. Schuttübersät ist seine Gipfelflanke. Alles ist vergänglich, sogar der Berg der Berge. An der darauffolgenden Verzweigung

*Hochvogel und Großer Rosszahn (links).*

zeigt die gewohnte Beschilderung über eine weitere Geröllflanke zum beachtlich aufsteilenden Firnfeld des Kalten Winkels. Der Grenzverlauf schlägt hier bis zum Hochvogelgipfel einen weit ausspringenden Haken. Das Firnfeld befindet sich auf bayerischem Boden, die **Kaltwinkelscharte** ❼, 2283 m, bereits wieder auf Tiroler Hoheitsgebiet. Jenseits der Scharte öffnet sich das Jochbachtal. Unsere Route steigt über Schrofengelände mit gelegentlichen Felsstufen (I) zunehmend steiler bergan. Die Kletterei stellt jedoch nirgends große Ansprüche. Auf dem überdachten, flach verlaufenden Felsband der sogenannten Schnur mogeln wir uns rechts um die Westschulter herum. Durch eine kurze Rinne gelangt man anschließend hinauf zur schuttbedeckten Westabdachung des Gipfels, über die man in Kehren auf das oberste, blockige Gratstück steigt. Dann sind es nur noch ein paar Meter auf den **Hochvogel** ❽, 2592 m. Eine fortwährend sich aufweitende Felswunde veranschaulicht die drohende Loslösung einer Gipfelpartie (Abstand einhalten!).

Zurück in der **Kaltwinkelscharte** ❼ treibt uns der Richtung Kreuzspitze beschilderte, längere anstrengende Abschnitt über eine drahtseilversicherte Schrofenflanke (I) nochmals den Schweiß auf die Stirn – eine gut markierte, leichte Kletterei. Im wenig steilen Gelände leiten neuerlich Drahtseile den anfangs leichten Abstieg ein. Von dort führt uns ein unmarkierter Steig empor zum Gipfel der **Kreuzspitze** ❾, 2367 m, mit schönem Abschiedsblick zum Hochvogel.

Wie schon im Aufstieg, so geht's auch nach dem kurzen Rückweg zur gesicherten Route und der nördlichen Umgehung des Gipfelaufbaus über eine steile Schrofenflanke (I) bergab. Das Abklettern erfordert trotz der Sicherungen vorsichtiges Steigen. Der Abstieg durch das lange Geröllkar mündet unter der Balkenscharte in die bekannte Route übers **Prinz-Luitpold-Haus** ❹ zum **Giebelhaus** ❶.

# Prinz-Luitpold-Haus

1000 Höhenmeter trennen das auf einer Karschwelle hoch über dem faszinierenden Bärgündeletal stehende Prinz-Luitpold-Haus vom Zugangsort Hinterstein. Der alpine Stützpunkt, eine der wichtigsten Berghütten in den Allgäuer Alpen, ist nicht nur für Hochvogelbesteiger eine gefragte Zwischenstation. Er wird auch für so manch andere Bergtour wie auf den leichten Glasfelderkopf, den pfiffigen Wiedemerkopf oder den stillen Kreuzkopf besucht.
Doch damit noch nicht genug: Fernwanderer, die beispielsweise von Oberstdorf über die Kemptner Hütte, das Kreuzeck und Rauheck sowie über den Jubiläumsweg und Saalfelder Höhenweg zur Landsberger Hütte und weiter ins Tannheimer Tal möchten, übernachten hier ebenfalls gerne.
Grüne Matten und nackter Dolomitfels reichen sich bei dem einladenden Alpenvereinshaus die Hand. Über dem nahe gelegenen, kleinen Seeauge, von leuchtenden Alpenrosen umkränzt, protzt die skurrile Fuchskarspitze: gewunden, umgestülpt, verworfen. Der First dieses bedeutenden Allgäuer Kletterberges ähnelt einem aufgestellten Sägeblatt.
Das im Jahr 1881 erbaute Luitpoldhaus ist eng mit dem Namen des bekannten Bergführers und Buchautors Willi Wechs aus Hinterstein verbunden. Dieser übernahm in den 1930er-Jahren die Hüttenpacht und hatte seinerzeit die meisten Führen an der Fuchskarspitze und in der Hochvogel-Nordwand eröffnet. Er richtete während dieser Zeit im Schutzhaus eine alpine Rettungsstelle ein und konnte in oft selbstlosem Einsatz manchen in Not geratenen Bergsteiger noch rechtzeitig aus der Wand holen. Wechs arbeitete 1935 außerdem am Bau einer Materialseilbahn mit, die ein Jahr später fertiggestellt war, aber gleich im ersten Winter von einer Staublawine hinweggefegt wurde.

Allgäuer Alpen

## 25 Knappenkopf und Kugelhorn, 2126 m
### Überschreitung von Süd nach Nord

| 8.00 Std. | 20,1 km | ↗ 1400 m | ↘ 1400 m |

### Ausgefallene Kammwanderung am Jubiläumsweg

*Murmeltierbesuch am Schrecksee.*

Die etwas kitzlige Begehung des blumenreichen Allgäuer Hauptkamms über dem höchst malerischen Schrecksee-Alpkessel in den Hintersteiner Bergen, ein wahrlich abgrundtiefes Erlebnis, verlangt Kondition und zumindest kurzzeitig Nerven wie Kälberstricke. Der Abstieg vom Kugelhorn zum Jubiläumsweg sorgt zusätzlich für ein paar felsige Überraschungen, die einen Riesenspaß bereiten, vorausgesetzt, man ist nicht zum ersten Mal im anspruchsvollen, typischen Allgäuer Schrofengelände unterwegs und zeigt sich mit Steigspuren zufrieden. Wegen der abschnittsweise mangelnden Markierungen und des teils abschüssigen Grasgeländes ist unbedingt zuverlässiges Wetter erforderlich. Bei Nebel oder Niederschlag könnte die Tour rasch in ein riskantes Unterfangen ausarten.

**Ausgangspunkt:** Hinterdorf von Hinterstein (Ortsteil von Bad Hindelang), Kapelle (Bushaltestelle), 866 m. Mit dem Bus von Sonthofen erreichbar.
**Anforderungen:** Längere steile Anstiege. Teils unmarkierte Steige und Steigspuren, am Anfang Alpwege. Leichte Kletterstellen (I) und luftige Passagen setzen Trittsicherheit und Schwindelfreiheit voraus. Nicht bei unsicherem Wetter, Nässe oder Nebel! Bis zum Kirchdachsattel mittelschwer.
**Einkehr:** Haus der Konstanzer Jäger (Übernachtung).

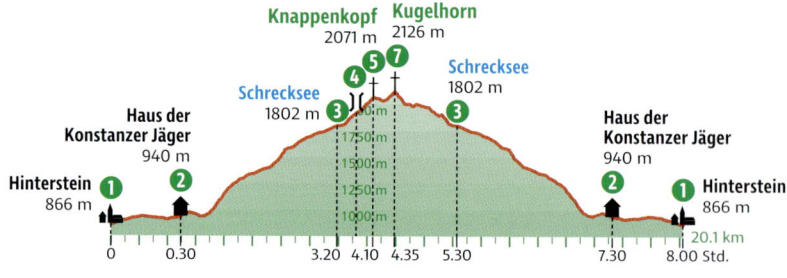

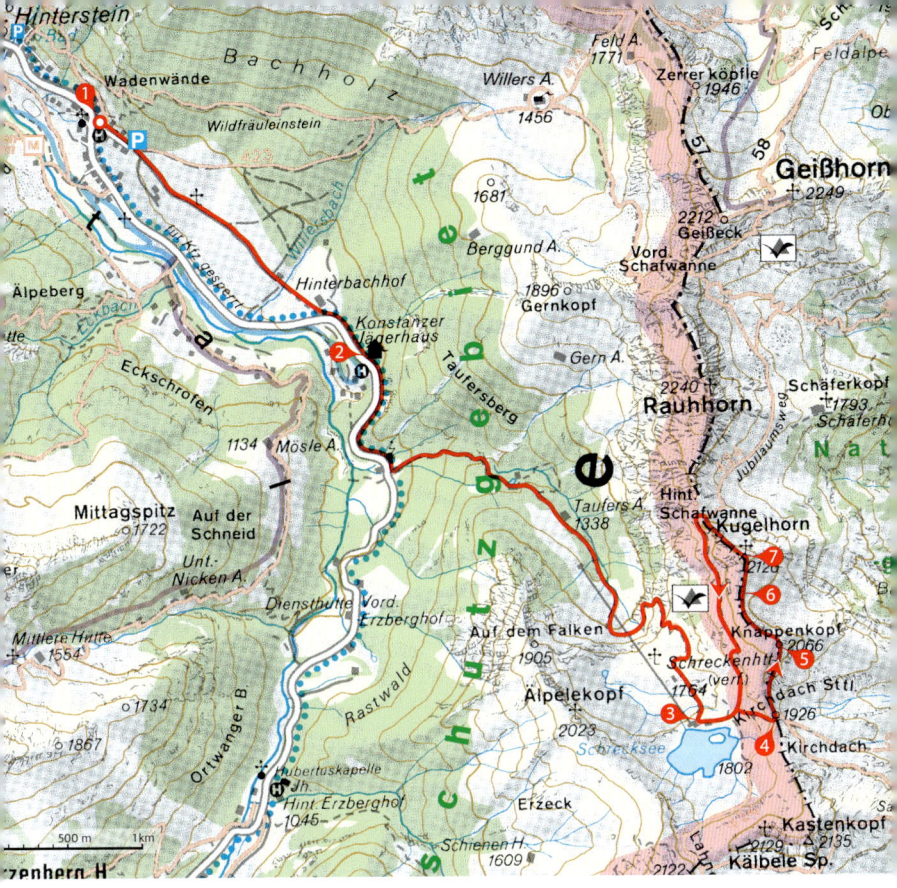

An der Bushaltestelle bei der Kapelle im Hinterdorf von **Hinterstein** ❶ achten wir auf die Beschilderung »Giebelhaus – Fußweg« und folgen am Straßenende dem taleinwärts führenden Alpweg. Über das buckelige Weidegebiet leicht bergan spazierend bietet der wild zerhackte Pfannenhölzergrat jenseits der Ostrach ein außergewöhnliches Bild. Auch der Bergsturz am Breitenberg ist von hier gut einsehbar. Direkt über uns gipfelt der Bschießer. An einer unbeschilderten Gabelung bleiben wir der leicht fallenden Hauptroute treu. Nach der Willersbachbrücke leitet ein Wanderweg am Hinterbachhof vorbei und mündet vor der Brücke über den niederstürzenden Vogelbach in das Alpsträßchen zum Giebelhaus.

Beim **Haus der Konstanzer Jäger** ❷, 940 m, mit Einkehrmöglichkeit und dem bald darauf folgenden witzigen Brünnele geht es hinauf durch den Mischwald zur Talenge Aueles Gasse. Man sollte es nicht versäumen, von den Aueles-Wänden einen Blick in die gähnende Tiefe der Ostrachschlucht zu werfen. Nach einem kleinen Höhenverlust zum Elektrizitätswerk mit Querung des brausenden Taufersbachs weist uns die Beschilderung zum Schrecksee auf einen Steig, der direkt unterm gezackten Rauhhorn über einen

# Allgäuer Alpen

*Schmuckes Bauernhaus in Hinterstein.*

kleinen Weidehang emporleitet. Das Bild des Talschlusses bestimmen der Große Wilde, der Schneck und der Giebel. Der Weiterweg durch den lockeren Fichtenwald erweist sich als anhaltend steil. In einem winzigen Stausee spiegelt sich der wilde Grat des Rauhhorns. Bei zwei versteckten Jagdhütten betreten wir eine flache und steinige, von einzelnen Fichten bestandene Alpwanne. Nach der verfallenen Taufersalp geht's bei der Talstation der Materialseilbahn zum Schrecksee über einen Bachsteg und auf einen abweisenden, teils latschenbedeckten Felsriegel zu, der nun in einer weiten Schleife und ein paar schuttigen Kehren zu überwinden ist. Eine felsige und etwas ausgesetzte Passage ist mit Drahtseilen gesichert. Überm Ostrachtal grüßt der Grünten. Eingebettet in die erste Karschwelle unterhalb liegt ein verlandeter See. Nun gelangen wir über kaum mehr ansteigendes Grasgelände zur oberen Karschwelle, hinter der endlich der ersehnte **Schrecksee ❸**, 1802 m, mit Bildstock und einer kleinen Hütte auftaucht. Links von der Lahnerscharte erheben sich der Kastenkopf und die Kälbelespitze, rechts der Lahnerkopf.

Wir halten uns an der Verzweigung Richtung Kugelhorn, an der folgenden Routenkreuzung Richtung Landsberger Hütte und steigen über den steilen Grashang hinauf zum

*Der Schrecksee mit dem Lahnerkopf.*

*Der Älpelekopf vom Schrecksee.*

**Kirchdachsattel** ❹, 1926 m, auf dem Grenzkamm. Jenseits erheben sich die Tiroler Vilsalpseeberge, und über der Lahnerscharte spitzelt jetzt die Hochvogelpyramide hervor.

Hier setzt nun nordwärts unsere Kammüberschreitung an. Die über den zunehmend steilen Grasrücken emporleitenden Steigspuren verlangen einen sicheren Tritt und sind nur im leicht schrofigen Mittelteil markiert. Ein zwar nur kurzes, aber scharf zusammenschnürendes Gratstück wird in zuverlässig gestuftem Gelände ausgesetzt westlich umgangen (I). Schwindel sollte hier ein Fremdwort sein. Zuletzt schlendert man aufatmend gemütlich zum geräumigen **Knappenkopf** ❺, 2071 m. Von dem kreuzlosen und nur mit einem Grenzstein markierten höchsten Punkt schaut man hinunter zum Vilsalpsee, über dem die spitzen Tannheimer Berge aufragen. Im Norden steht das breite Gaishorn, und im Süden reicht der Blick von den Lechtaler Alpen bis hinüber zum Hohen Ifen.

Auf wieder unmarkierten Steigspuren setzen wir die bequeme Höhenbummelei durch üppigen Graswuchs fort und wandern kurz bergab zum **Sattel** ❻, 2036 m, vor dem Kugelhorn. Das hier befindliche Wasserdepot für Schafe wird von den Murmeltieren auch gerne als Dachgeschoss benutzt. Problemlos steigen wir über den Grasrücken hinauf zum Kreuz auf dem **Kugelhorn** ❼, 2126 m, mit Zugspitzblick. Vor uns baut sich das zerschrundene Rauhhorn auf.

Ein spärlich markierter Steig führt uns bergab über einen anfangs noch grasigen Schrofengrat. Die teilweise steilen Stufen warten mit ein paar kleinen, mitunter ausgesetzten Klettereinlagen (I) auf. Wenig oberhalb der Hinteren Schafwanne schwenken wir links in den Jubiläumsweg ein. Der Steig quert nun leicht fallend die steile, schrofendurchsetzte Grasflanke unter unseren beiden Gipfeln. Oberhalb des Schrecksees mündet unsere Rundwanderung wieder in die Aufstiegsroute von **Hinterstein** ❶.

Allgäuer Alpen

# 26 Rauhhorn, 2240 m
## Über den Nordgrat

| 7.30 Std. | 14,4 km | ↗ 1370 m | ↘ 1370 m |

### *Rauer Geselle mit neckischer Kraxelei*

*Die berühmte Schlüsselstelle im letzten Abschnitt des Rauhhorn-Nordgrates präsentiert eine der schönsten Klettereinlagen, die man auf den Allgäuer Normalanstiegen finden kann. Abgesehen von dieser kleinen Kraxelei und der ebenfalls recht reizvollen Rissdurchsteigung kurz zuvor findet man am Nordgrat keinerlei technische Schwierigkeiten. Hat man an der neckischen Turnerei über der lauernden Tiefe Gefallen gefunden und verspricht das Wetter zu halten, dann nichts wie den zerhackten, auch nicht schwereren Südgrat noch unter die Profilsohle nehmen! Als Aussichtsgipfel verdient das Rauhhorn ebenfalls gerühmt zu werden: Tannheimer Berge und Mieminger Kette, dazwischen die Zugspitze, Stubaier und Ötztaler Alpen, Lechtaler Alpen und sogar noch die westlichsten Allgäuer Alpen, besonders prächtig der Hochvogel.*

**Ausgangspunkt:** Hinterdorf von Hinterstein (Ortsteil von Bad Hindelang), Kapelle (Bushaltestelle), 866 m. Mit dem Bus von Sonthofen erreichbar.
**Anforderungen:** Längere steile Etappen. Steige und anfangs Forstweg. Für die leichte, an einem abdrängenden Felsaufschwung kurz drahtseilgesicherte Kletterei (I+) Trittsicherheit und Schwindelfreiheit notwendig. Bis zur Vorderen Schafwanne mittelschwer.
**Einkehr:** Willersalp (Übernachtung).

An der Bushaltestelle bei der Kapelle im Hinterdorf von **Hinterstein** ❶ achten wir auf die Beschilderung »Giebelhaus – Fußweg« und folgen am Straßenende dem Wanderweg Richtung Willersalp. Unter dem Bschießer geht es leicht bergan über buckelige Alpweiden und im weiteren Verlauf auf einem Forstweg durch Fichtenwald, der wegen der Waldschäden schon stark gelichtet ist. Bald lenkt uns der Wegweiser zur Willersalp auf einen Steig, der am Willersbach entlangführt. An einer Verzweigung richten wir uns nach der gewohnten Bezeichnung und queren auf einem Steg an einer harmlosen Stelle die wilde Sturzbachrinne. Im Zickzack mühen wir uns weiter durch den Wald empor. Über kaum mehr steigende Alpweiden auf das Gaiseck zuhaltend treffen wir am Fuß des Pontens bei der heimeligen **Willersalp** ❷, 1456 m, ein. Neben allerlei zwei- und vierbeinigem Getier sollte man auch dem kuriosen Fahrplan an der »Bahnbushaltestelle« nähere Beachtung schenken.

Nach einer willkommenen Erfrischung weist uns der Wegzeiger Richtung Schrecksee. Mäßig steil wandern wir über teils von Latschen und einzelnen Fichten bewachsenes Weidegelände hinauf zur Karschwelle unterm Gaiseck. Vorbei geht's an ein paar Tümpeln, dann windet sich

*Der Rauhhorn-Normalweg.*

die Route in kraftsparenden Kehren anfangs über einen steilen Grashang, später über eine etwas ausgesetzte Schuttflanke aufwärts in die **Vordere Schafwanne** ❸, 2056 m, einem Einschnitt zwischen Gaishorn und Rauhhorn, an der bayerisch-tirolischen Grenze.

Der Wegweiser »Rauhhorn Kugelhorn, nur für Geübte« macht uns darauf aufmerksam, dass an dieser

*Im Gänsemarsch zur Willersalp.*

Stelle die Spreu vom Weizen getrennt wird. Mäßig steil machen wir uns an der spärlich begrünten Bergflanke entlang an den Gipfelaufbau heran. Tief unter uns schimmert der Vilsalpsee. Der stets hervorragend markierte und teilweise schuttbedeckte Steig über den nicht besonders steilen Schrofengrat, der im unteren Teil noch ohne Kletterei westlich umgangen wird, erfordert nun achtsames Steigen und absolute Trittsicherheit. Ein kurzer Riss mit zuverlässigen, festen Stufen (I+) setzt etwas Kletterfertigkeit voraus. Als würziges Finale erwartet uns ein äußerst steiler und abdrängender, aber drahtseilversicherter und zudem gut griffiger Felsaufschwung (I+). Der Kraftakt bedeutet für den einen eine Moralstelle, der andere bedauert die Kürze. Das **Rauhhorn** ❹, 2240 m, ziert neben einem Eisenkreuz auch ein hübsches kleines Holzkreuz.

Der Abstieg erfolgt auf dem Anstiegsweg.

*Das Rauhhorn von Osten.*

Allgäuer Alpen

# Rubihorn, 1957 m
## Durch den Gaisalptobel

**27**

| 5.45 Std. | 12,4 km | ↗ 1110 m | ↘ 1110 m |     **TOP**

### Felspyramide am Eingang des Oberstdorfer Talkessels
*Auf einer Fahrt nach Oberstdorf verspürt man zwangsläufig den Wunsch, einmal auf den wuchtigen und prächtig geformten Dolomit-Felsenthron des Rubihorns zu steigen, eine der schönsten Erscheinungen der Allgäuer Berge. Das unmittelbar über dem Zusammenfluss von Breitach, Stillach und Trettach aufragende »raue« Horn erfreut neben fesselnden Nahblicken zu den großen Gipfeln der Hochalpen mit einer einzigartigen Aussicht über das Illertal. Nach dem abwechslungsreichen und etwas anspruchsvollen Aufstieg wartet auf pingelige Gipfelsammler noch die kleine Zugabe vom vorgerückten Kreuz zum fünf Meter höheren »echten« Rubihorngipfel (Erfahrung im weglosen Steilgelände ist erforderlich). Die Warntafel über der ungangbaren Schlucht südwestlich unseres Bergziels ist unbedingt ernst zu nehmen.*

*Geselliges Alpgelände am Gaisalpsee.*

**Ausgangspunkt:** Reichenbach (Ortsteil von Oberstdorf), 850 m. Parkplatz am Beginn des Alpwegs zur Gaisalp. Reichenbach ist mit dem Bus von Sonthofen erreichbar.
**Anforderungen:** Lange steile Anstiege. Teilweise ausgesetzte Steige (besonders unterm Gipfel) mit kurzen Sicherungen erfordern Trittsicherheit, anfangs Wanderweg (Steinschlaggefahr). Vorsicht bei Nässe!
**Einkehr:** Gaisalp.

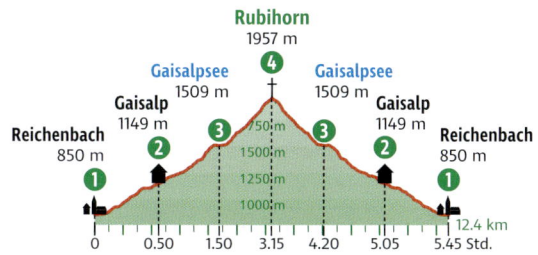

Allgäuer Alpen

Wir wandern von der Bushaltestelle im Oberstdorfer Filialort **Reichenbach** ❶ am Berggasthof Hirsch vorbei und folgen dem bergwärts führenden Sträßchen Richtung Gaisalp. Am Gaisalpbach leitet ein Alpweg in den Mischwald hinein. Nach der Bachbrücke ziehen wir den Tobelweg dem Fahrweg vor. Der breite Wanderweg führt anfangs zwischen zunehmend steileren Talflanken gemütlich bergan, geht aber im oberen Abschnitt in einen deutlich anstrengenderen, instand gehaltenen Steig über, der mit Leichtmetalltreppen und zwei Stegen entschärft wurde. Auf der anderen Bachseite mündet beim Turbinenhäuschen ein Wildbach ein. Der Gaisalpbach selbst stürzt hier über einen Wasserfall zu Tal. Nach einem Aufschwung mündet unser Entdeckungskurs wieder in den Alpweg, der in wenigen Minuten die **Gaisalp** ❷, 1149 m, erreicht. Die heimelige Berggaststätte bietet bereits prächtige Einblicke in das einsame Bergrund mit dem langgezogenen Entschenkopf, dem markanten Nebelhorn-Westgrat und dem recht stattlichen Rubihorn.

An der anschließenden Gabelung weist uns die Beschilderung Richtung Rubihorn den weiteren Kurs. Der Ziehweg wird im Fichtenwald von einem teils mit Stufen angelegten, mäßig steilen Steig abgelöst, der einen Alpweg quert und ein Stück über Weidehänge führt. Wieder in lichtem Wald, nimmt der Aufstieg allmählich einen recht felsigen Charakter an, quert ein paar Sturzbachrinnen und verlangt an mehreren, mitunter gesicherten Aufschwüngen ein bisschen Kondition. Bald quillt der Gaisalpbach deutlich vernehmbar aus einer riesigen Felsenspalte. Die Route schwingt sich nun kurzzeitig steiler durch den Krummholzgürtel über eine Karschwelle empor, über die der Ausfluss vom **Gaisalpsee** ❸, 1509 m, seine Wasserschleier stürzen lässt. Vom See ergibt sich ein schöner Ausblick aufs Illertal. Das von dieser

*Rubihorn mit Gaisalpsee.*

Seite behäbige Rubihorn und die kleine Pyramide des Gaisalphorns spiegeln sich in dem klaren Berggewässer. Ein wunderbares Plätzchen zum Rasten.

An der Gabelung halten wir uns abermals Richtung Rubihorn – über uns der Kamm des Entschenkopfs – und steigen vom Südufer unter einem Felsriegel über den noch angenehmen Latschenrücken hinauf. Im weiteren Verlauf windet sich die Route in engen Serpentinen über den steilen Grashang empor, verläuft ein Stück am Fuß von Wandabbrüchen entlang und klettert zuletzt etwas schrofig in die Scharte zwischen Gaisalphorn und Rubihorn. Rückblickend zeigen sich hinterm Gundkopf die stolze, unbenannte Felsnase am Aufschwung des Nebelhorn-Westgrates und überm Gängele die Gratköpfe des Hindelanger Klettersteigs. Auf dem kurz ausgesetzten und mit ein paar felsigen Stellen gewürzten Quergang in der Latschenflanke der Westseite (letzte Stahlseile) – 1100 m unter uns der Oberstdorfer Talkessel – gewinnt man herrliche Ausblicke in die Walsertaler Berge und zu den Regenten der Allgäuer Alpen. Nur noch ein paar Stufen sind es hinauf zum Kreuz auf dem **Rubihorn** ❹, 1957 m.

Der Abstieg erfolgt auf dem Anstiegsweg.

Allgäuer Alpen

## 28 Großer Daumen, 2280 m
### Über das Koblat

| 5.45 Std. | 11,4 km | ↗ 660 m | ↘ 660 m |

### Karst-Höhenwanderung und wuchtiges Felskastell

*Die Bezeichnung des bereits aus dem Alpenvorland deutlich auffallenden Großen Daumens wird dem zwischen Retterschwang und Hintersteiner Tal aufragenden Massiv lediglich von Nordwesten gerecht. Von Norden präsentiert der Gipfel aus Dolomitgestein eine gewaltige Mauer, eine wahre Festung. Die Südseite wiederum, über die der vorgeschlagene Aufstieg verläuft, zeigt überraschenderweise ein sanft gewelltes Dach. Über die zerfurchten Koblat-Karrenfelder unter dem für erfahrene Berggeher empfehlenswerten Hindelanger Klettersteig (II, Klettersteigausrüstung!) führt ein genussreicher, wenn auch etwas unkomfortabler »Spaziergang« zum Ansatz unseres Ziels – dank der Nebelhornbahn fast ohne Anstrengung. Der Daumen selbst fesselt mit einem überwältigenden Rundblick. An klaren Tagen reicht die Sicht bis zu den Hohen Tauern, in die Zillertaler, Stubaier und Ötztaler Alpen, zur Silvretta und in die Berner Alpen.*

*Das Daumenmassiv von der Heubatspitze.*

**Ausgangspunkt:** Oberstdorf, Bahnhof, 815 m. Mit dem Zug von Sonthofen erreichbar.
**Anforderungen:** Kurze Steilaufstiege. Steinige Steige, anfangs Wanderweg.
**Einkehr:** Station Höfatsblick.

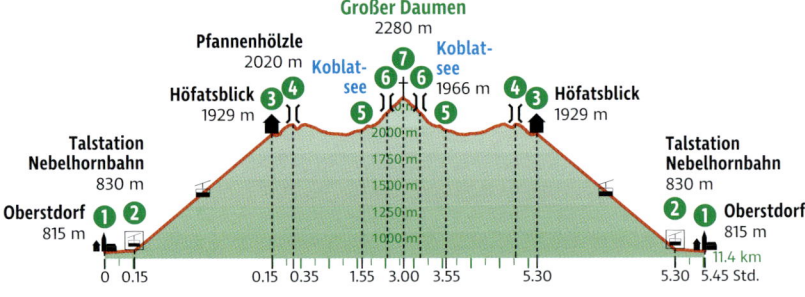

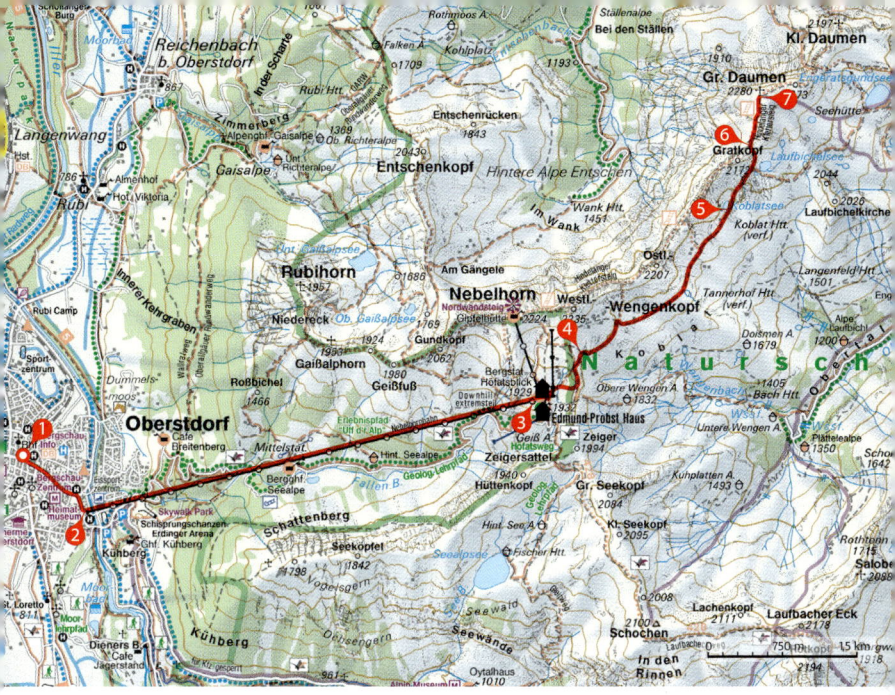

Vom Bahnhof in **Oberstdorf** ❶ gehen wir hinein in den Ort und folgen bei der Raiffeisenbank der Nebelhornstraße zur **Talstation** ❷ der Nebelhornbahn, 830 m. Außer Fußgängern und Radlern sind hier nur Anliegerfahrzeuge unterwegs. Für die 1100 Höhenmeter über die Seealp hinauf zur **Station Höfatsblick** ❸, 1929 m, mit Markt-Restaurant und dem Edmund-Probst-Haus nehmen wir die ersten beiden Sektionen der Panorama-Bergbahnfahrt in Anspruch.

Die Beschilderung »Großer Daumen über Koblat« weist uns die Richtung. Ein kurz abwärts führender Wanderweg leitet unter dem Sessellift hindurch in eine Mulde und in einer Serpentine, teilweise mit Holzstufen, über einen Grashang auf das **Pfannenhölzle** ❹, 2020 m, einen unbedeutenden Sattel. Faszinierend sind die Ausblicke zum königlichen Hochvogel, zum eigenwilligen Schneck, zur viergipfligen Höfats und vielen anderen markanten Felsgestalten, darunter auch die Zugspitze. Ein teils steiniger, teils felsdurchsetzter Steig bringt uns in leichtem Auf und Ab, Blockhalden querend, über das ausgedehnte, nur spärlich begrünte Karstgelände des Koblats, eines großartigen, mit Alpenrosenfeldern geschmückten Hochplateaus. Der Bergbahnrummel verklingt. Über uns turnt das emsige Völkchen der Eisenweg-Liebhaber über die gezackten Wengenköpfe, die Graterhebungen des Hindelanger Klettersteigs.

Von einer Einsenkung, 1920 m, steigt die Route durch eine Latschenzone mit dem kleinen **Koblatsee** ❺, 1966 m, wieder ein wenig an. Direkt vor dem Laufbichlsee zweigt ein steiler Zickzacksteig ab und leitet uns über eine erst schrofige, später grasige Flanke mit abschüssiger Querung eines kleinen Schuttfeldes

*Hinter dem Laufbichlsee erhebt sich der Steilgrasberg Laufbichlkirche.*

hinauf zu einem **Sattel** ❻, 2130 m. Hier mündet auch der anspruchsvolle Abschnitt des Hindelanger Klettersteigs ein.

Über das unerwartet gemütliche, grüne Gipfeldach, Glasfeld genannt, und einen Geröllrücken bummeln wir nun dem kreuzgeschmückten **Großen Daumen** ❼, 2280 m, entgegen.

Der Abstieg erfolgt auf dem Aufstiegsweg.

Allgäuer Alpen

# Breitenberg, 1887 m, und Rotspitze, 2033 m
## Rundtour über die Hohen Gänge

**29**

| 8.15 Std. | 15,1 km | ↗ 1370 m | ↘ 1370 m |   |

### Eisenweg-Abenteuer über dem Häblesgund
*Die aussichtsreichen und pfiffigen Hohen Gänge zwischen dem Hintersteiner Breitenberg und der Heubatspitze, auch Gemsbollenkopf oder von den Allgäuern »Gamsbollar« genannt, sind Teil des anspruchsvollen Hindelanger Klettersteigs (II) zum Nebelhorn. Wir wollen uns mit der luftigen Turnerei über die insgesamt drei Gipfel aus dem Häblesgund im Nordteil der Daumengruppe begnügen. Immerhin stellen sich auch noch ein paar Zwischenerhebungen in die Quere, und die Kraftaktionen auf der besonders für Neulinge unter den Klettersteiggehern empfehlenswerten Via Ferrata fordern durchaus ihre Kalorien – und einen gesunden Magen. An manchen Stellen »goht's gaach naa«, wie man im Allgäu sagt. Wer also seine Probleme mit der Tiefe hat, der tut gut daran, auf dem Breitenberg umzukehren oder wahlweise »nur« die Rotspitze, einen prächtig geformten Dreikant, zu besteigen.*

Abweisender Felskopf am Hindelanger Klettersteig.

**Ausgangspunkt:** Bruck (Ortsteil von Bad Hindelang), Ostrachbrücke, 830 m. Per Bus von Sonthofen erreichbar.
**Anforderungen:** Lange steile Etappen. Steige und anfangs Forstweg. Die leichten Kletterstellen (I, Klettersteigausrüstung!) der Steiganlage sowie auf dem teils drahtseilgesicherten Abstieg von der Rotspitze erfordern Trittsicherheit und Schwindelfreiheit. Nicht bei unsicherem Wetter (Gefahr bei Gewitter) oder Neuschnee! Breitenberg mittelschwer.
**Einkehr:** Unterwegs keine Möglichkeit.

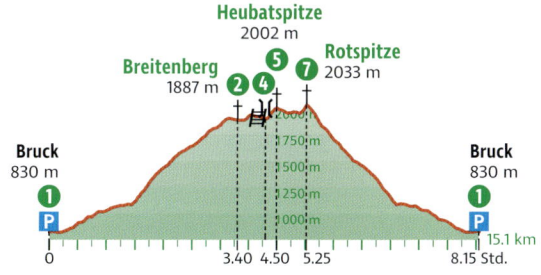

## Allgäuer Alpen

Wir nehmen im Bad Hindelanger Ortsteil **Bruck** ❶ von der Bushaltestelle an der Ostrachbrücke den neben der Straße nach Hinterstein taleinwärts verlaufenden Wanderweg. Dieser wechselt nach der Kurve auf die andere Straßenseite. Bei der Gedenktafel für Prinzregent Luitpold v. Bayern weist uns die Beschilderung Richtung Breitenberg über die Ostrachbrücke. An einer Forstweg-Kreuzung halten wir uns an denselben Wegweiser und wandern in einer Serpentine durch schütteren Fichtenwald bergan. Im weiteren Verlauf geht's auf dem Jägersteig, eine Bergsturzrinne querend, hinein ins Retterschwanger Tal, wo das gedämpfte Rauschen der Bsonderach zu uns heraufdringt. Unser Steig mündet vor der Rotspitze in eine flache Forstfahrbahn, die ein riesiges Waldschadensgebiet quert. Auch jenseits der Bsonderach, am Imberger Horn, greift der »Baumfraß« bedenklich um sich.

*Der Breitenberg über dem Ostrachtal.*

Bald schon zweigt ein zunehmend steiler Zickzacksteig in Richtung Breitenberg ab, der durch den nachwachsenden Bergwald emporsteigt. Hübsche Ausblicke ergeben sich sowohl zu den Bergen um das Oberjoch als auch taleinwärts zu den Sonthofner Sonnenköpfen. Wo sich das Gelände zurücklegt, kommen wir über bucklig-steinige Alpböden zu einer Gabelung bei einem Unterstand. Unsere geplante Abstiegsroute von der nun nah aufragenden Rotspitze wirkt von hier etwas abenteuerlich. Lassen wir uns überraschen. Über sehr bescheidene, von Latschen und niedrigen Fichten bewachsene Weidehänge, Häblesgund genannt, gelangen wir ins wüste Trümmerkar unter den Hohen Gängen. Während des weiteren Anstiegs in Kehren über die nun teils schrofigen Latschenhänge präsentiert sich der Sonthofner Talkessel mit den Nagelfluhbergen und dem Grünten. Die Rotspitze verliert allmählich an Imponiergehabe. Zuletzt quert man überwiegend flach die Westflanke des ersten Gipfelziels und bummelt an einer Routenverzweigung vorbei zum vorgerückten Gipfelkreuz auf dem **Breitenberg** ❷, 1887 m, der sich nur unscheinbar vom Grat abhebt. Der höchste Punkt lässt sich kurz vor dem Kreuz weglos, aber ohne jegliche Schwierigkeiten erreichen. Weit blickt man hinaus ins Alpenvorland. Im Osten spitzeln die Tannheimer Berge überm Kessel der Willersalp zu uns herüber, daneben reihen sich die Hintersteiner Berge an. Und im Westen reicht die Aussicht bis zum Säntis.

Nach einer Stärkung wenden wir uns kurz zurück zur Verzweigung, wo die Beschilderung **»Hohe Gänge (Klettersteig)«** ❸ die ebenfalls aussichtsreiche Höhenwanderung über den Schrofengrat der Hohen Gänge

eröffnet. Bis zu einer Zwischenerhebung, 1940 m, mit Hochvogelblick steigt der stets gut markierte Steig noch etwas an. Über der Heubatspitze baut sich das mächtige Daumenmassiv auf. Dann verschmälert sich in leichtem Auf und Ab der teils ausgesetzte Grat mit anfangs nur wenigen, harmlosen Kletterstellen zusehends. Die Szene ändert sich. Eine längere anregende und drahtseilgesicherte Abstiegspassage (I) an einem gut gestuften Felskopf verlangt absolute Trittsicherheit. Auch die Schwindelfreiheit wird hart auf die Probe gestellt. Nach einer **Scharte** ❹, 1900 m, sichern abermals Drahtseile einen steilen und kraftraubenden Schrofenaufschwung (I). Ein gleich anschließender, nahezu senkrecht aufragender Felszahn wird mittels einer hohen Leiter überlistet. Ein Stück geht's noch recht ausgesetzt und gesichert aufwärts über eine kitzlige Gratschneide (I), die mit ihren hervorragenden Griffen und Tritten das Herz eines jeden leidenschaftlichen Bergwanderers höherschlagen lassen dürfte. Dann hat der Kraxelspaß auch schon wieder ein Ende. Leider.

*Retterschwanger Tal mit Rotspitze.*

Auf diesem letzten, große Aufmerksamkeit fordernden Abschnitt muss man die gähnende Tiefe besonders ertragen können. Von einem wenig eingesenkten Schärtchen, 1950 m, mit wilden Felszacken steigen wir in Kürze ohne weitere Kletterei hinauf zur **Heubatspitze** ❺, 2002 m, mit ihrem winzigen Kreuz. Links des Kleinen Daumens senkt sich der Zackengrat der Pfannenhölzer ab, und vom Großen Daumen zum Nebelhorn erstreckt sich der weitere Hindelanger Klettersteig. Lassen wir uns auf dem blumengeschmückten Bergscheitel nieder und genießen die Ruhe und das prächtige Panorama. Weit im Süden ist sogar noch die Schesaplana im Rätikon erkennbar.

Auf dem leichten Abstieg über den anfangs grasigen, später teils mit ausgebleichten Latschen bedeckten Grat beachten wir an einer Gabelung den Wegweiser zur Rotspitze. Von einer unbedeutenden Scharte leitet der Steig kaum spürbar zu einer weiteren Zwischenerhebung. Nach einem kurzen, aber steilen, schrofigen Abstieg in eine letzte **Scharte** ❻, 1950 m, folgt das problemlose Finale empor zur **Rotspitze** ❼, 2033 m. Informativ ist der Rückblick zu den Hohen Gängen.

Nur wenige Meter gehen wir zurück zu einer Abzweigung, dann weist uns das Schild »Häbelesgund« den Abstiegskurs. Ein sehr steiler, stellenweise geröllbedeckter und abschüssiger Steig – zuerst auf dem Grat, im weiteren Verlauf etwas daneben – wartet mit ein paar drahtseilgesicherten Schrofenstufen auf, die nochmals leichte Kletterei erfordern. Wenn auch die Hohen Gänge zweifelsohne deutlich anspruchsvoller waren, so ist diese Route keinesfalls zu belächeln. Schlampiges Absteigen könnte hier fatale Folgen haben. Im unteren Bereich geht's im Zickzack über einen schuttigen, steilen Grashang, bevor wir nach einer Latschenzone bei den Weideböden wieder auf den bekannten Anstiegskurs von **Bruck** ❶ stoßen.

Allgäuer Alpen

# Imberger Horn, 1656 m
## Überschreitung von Nord nach Süd

**30**

| 5.00 Std. | 12,4 km | ↗ 870 m | ↘ 870 m |

### Schroffer Rundwanderberg zwischen zwei Welten
*Das Imberger Horn übernimmt sozusagen eine Vermittlerrolle zwischen den grünen Höhen der Vorberge beiderseits der Iller und dem deutlich ernsteren Felsenreich der Daumengruppe. Anstatt mit Hilfe der Gondelbahn den nahen Gipfel mit einem Paukenschlag zu stürmen, empfiehlt es sich, gelassen von ganz unten, vom Ufer der wilden Ostrach, die verschiedenen Höhenstufen zu durchwandern. Für den Abstieg kann man die stillere Gegenseite des Berges wählen, entweder hinunter zu den Weidegründen des romantischen Retterschwangs oder aber über die Neue Strausbergalp zurück zum Berggasthaus Zum Oberen Horn.*

**Ausgangspunkt:** Bruck (Ortsteil von Bad Hindelang), Bushaltestelle an der Ostrachbrücke, 830 m. Per Bus von Sonthofen erreichbar.
**Anforderungen:** Kurze steile Anstiege. Steige sowie Alp- und Wanderwege, kleine drahtseilgesicherte Passagen.
**Einkehr:** Café Horn, Hornalp, Berggasthaus Zum Oberen Horn, Alp Mitterhaus.

Los geht's an der Bushaltestelle im Bad Hindelanger Ortsteil **Bruck** ❶, an der Straße nach Hinterstein (Parkplatz kurz danach). Jenseits der bemerkenswerten, hölzernen Ostrachbrücke folgen wir dem mit »Retterschwangertal« beschilderten Wanderweg. Teilweise durch Mischwald-Anpflanzungen, teils durch alten Fichtenwald bergan steigend überqueren wir auf Eisenstegen einen kleinen Bachtobel und erreichen zuletzt auf einem kurzen Steig das **Berggasthaus Café Horn** ❷, 980 m. Nur ein kleines Stück spazieren wir auf dem Alpsträßchen Richtung Retterschwanger Tal und genießen dabei einen prächtigen Blick zur Felspyramide der Rotspitze. Das Schild »Hornbahn Bergstation« weist uns auf einen bequemen, mitunter etwas übertrieben ausgebauten Wanderweg (im Winter beliebte Rodelbahn). Über Hinterstein grüßen Gaishorn und Rauhhorn. Der landschaftlich beeindruckende Aufstieg leitet uns über bunt blühende Bergwiesen und durch kleine Waldflecken und mündet nach einem steilen Abkürzer in den Alpweg Richtung Imberger Horn. An der **Hornalp** ❸, 1222 m, vorbei ist es nicht mehr weit zum

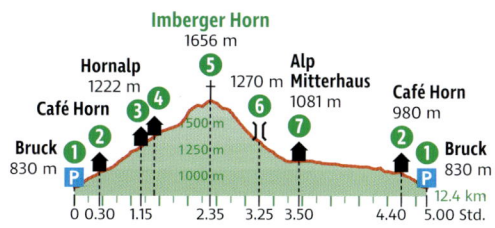

**Berggasthaus Zum Oberen Horn** ❹, 1320 m (früher: Berggasthof Gletscherspalte). Nebenan befindet sich die Bergstation der Gondelbahn von Bad Hindelang.

Es folgt nun nach einem kurzen Fußweg ein Stück flacher Forstweg. Wo sich die Fahrbahn verschmälert, zweigt mit Illertal-Tiefblick – jenseits der Grünten – der schräg unter respekteinflößenden Wandabbrüchen mäßig steil durch lockeren Wald hinaufführende Steig zum Imberger Horn ab. Die Inanspruchnahme der Drahtseile im Bereich einer abschüssigen, bis weit ins Frühjahr hinein lawinenbedrohten Graswanne ist höchstens bei Nässe oder Schneeresten erforderlich.

Anschließend schwingt sich die Route kurzzeitig in steilem Zickzack empor zu einem Aussichtspunkt. Von hier bietet sich ein schöner Blick auf Bad Hindelang. Nun wandern wir auf einem Pfad über einen flachen, schmalen Rücken und links um unser

Allgäuer Alpen

Gipfelziel herum, bevor wir von einer Verzweigung in Kürze das Kreuz auf dem **Imberger Horn** ❺, 1656 m, erreichen. Der Gipfel ist auch direkt von Norden auf einem steilen, allerdings unproblematischen Schrofensteig zugänglich. Überraschend öffnet sich nun der Blick bis in die Walsertaler Berge.

Nach einer geruhsamen Brotzeit begeben wir uns kurz zurück zur Verzweigung und lassen uns vom Wegweiser »Straussbergsattel« den weiteren Kurs weisen. Ein Steig verläuft über den meist nur sanft abfallenden Waldgrat mit kurzen Felsstufen zu einem kleinen Aussichtskreuz. Der unbedeutende Gegenanstieg zuletzt ist an einer etwas ausgesetzten Stelle mit einem Drahtseil gesichert. Der steile Rücken mit beträchtlichen Waldschäden leitet uns hinunter zum **Straußbergsattel** ❻, 1270 m, zwischen Imberger Horn und Gernkopf. Über Grashänge und durch Mischwaldflecken wandernd treffen wir wenig später bei den Weideböden der **Alp Mitterhaus** ❼, 1081 m, ein, einer rege besuchten Einkehrmöglichkeit.

Nach der Brücke über die Bsonderach erwartet uns auf dem verkehrsfreien Retterschwangsträßchen nur noch eine vergnügliche Bummelei, nochmals das Bsonderachufer wechselnd und an der kleinen Hornbachalp vorbei, zurück zum Berggasthaus **Café Horn** ❷, wo wir in die vom Aufstieg her bekannte Route nach **Bruck** ❶ einschwenken.

*An der noch ursprünglichen Bsonderach hinter der Alp Mitterhaus.*

Allgäuer Alpen

# 31 Kleiner Hirschberg, 1500 m
## Durch den Hirschbachtobel

| 4.00 Std. | 8,1 km | ↗ 710 m | ↘ 710 m |

*Über die Krähenwand auf den Bad Hindelanger Hausberg*
*Über eine Felswand auf einen Wanderberg? Keine Sorge – die »Wand« wird auf einem netten Serpentinensteig über ihre Schwachstelle, einen steilen Grashang, überlistet. Ganz in Reichweite beeindrucken jedoch tatsächlich senkrechte Wände, zu deren Füßen im Frühsommer schäumende Wasserfälle durch geheimnisvolle Schlünde brausen. Nach dem beispielhaft angelegten geologischen Lehrpfad durch den urweltlichen Tobel bietet sich vom exakt 1500 m hohen Hindelanger Hausberg mit dem knappen Gleitschirmflieger-Startplatz eine prächtige Ausschau: die Tannheimer Spitzen und die Hintersteiner Berge, der Hochvogel, die Zacken des Hindelanger Klettersteigs ... Und der Tiefblick auf den freundlichen Marktflecken im Ostrachtal ist einer der schönsten im Allgäu.*

**Ausgangspunkt:** Bad Hindelang, Bushaltestelle beim Kurhaus an der Bundesstraße, 810 m. Mit dem Bus von Sonthofen erreichbar.
**Anforderungen:** Kurze steile Aufstiege. Teils ausgesetzte und drahtseilgesicherte Wanderwege und Steige verlangen Trittsicherheit. Nicht bei Nässe! Der Tobelweg ist vom Spätherbst bis ins späte Frühjahr gesperrt.
**Einkehr:** Unterwegs keine Möglichkeit.

*Der Hirschbachtobel ist ein begeisterndes Entdeckungsreich für Kinder.*

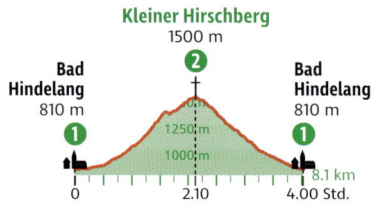

Von der Bushaltestelle beim Kurhaus in **Bad Hindelang** ❶ gehen wir Richtung Gailenberg zur Ortsmitte, nehmen die Marktstraße an der Kirche vorbei und die Jochstraße. An der Hirschbachbrücke, am östlichen Ortsrand, folgen wir dem Hirschbachtobel-Wanderweg am urigen Wildbach entlang. Der vorbildliche Wanderkurs bergan durch den alten Mischwald, auch als Oberallgäuer Rundwanderweg ausgeschildert, begeistert stets aufs Neue. Wasserfälle, Gumpen, Felsverhau, zersplitterte Baumstämme. Diese abenteuerlich-schaurige Naturbühne verlangt nach einem beschaulichen Gehtempo. Wir bleiben dem Uferweg stets

*Der Kleine Hirschberg bei Bad Hindelang.*

treu. Mehrere Stege überspannen die tosenden Fluten, drahtseilgesicherte Abschnitte lassen keinerlei Langeweile aufkommen. Vom großen Wasserfall im Tobelschluss folgt eine neckische Einlage auf ein paar knappen Eisentritten. Dann überlistet ein anregender Zickzacksteig die respekteinflößend aufsteilende Krähenwand, die bei feuchter Witterung mit rutschgefährdeten Passagen aufwartet. Wir stoßen auf das Ende eines Forstwegs. Hier folgt man weiter dem beschilderten Steiglein, den Hirschbach querend, über den gemütlichen Osthang zum Gipfelkreuz 1456 m. Vorbei am Gleitschirmflieger-Startplatz geht's zum höchsten Punkt des **Kleinen Hirschberg** ❷, 1500 m.

Beim Abstieg vom Kreuz auf dem Steig westlich durchs abschüssige Waldgelände zum Steinköpfle ist Achtsamkeit angesagt. Auf dem Bergwaldweg und über den Zillenbachsteg gelangt man zur Gailenbergstraße, die einen zurück nach **Bad Hindelang** ❶ bringt.

Allgäuer Alpen

# 32 Zinken, 1613 m
**Über die Zehrerhöfe**

| 4.00 Std. | 8,4 km | ↗ 600 m | ↘ 600 m |

### Mini-Felsberg mit Ecken und Kanten
*Es gibt im Allgäu Bergziele, die zwar nur bescheidene Gipfelhöhen erreichen, aber dem sorglosen Gelegenheitsbergwanderer dennoch ihre Zähne zeigen. Der aus imponierendem Hauptdolomit gebaute Zinken ist einer dieser kecken Felstürme, die eine gewisse Erfahrung und Sicherheit im Felssteigen voraussetzen. Es ist schon ein erhebendes Gefühl, nach der anregenden kleinen Turnerei dort oben zu stehen und die kitzligen Tiefblicke auf die Quellflüsse der Wertach und das tief eingefressene und waldreiche Tal der Vils wirken zu lassen. Auch die zahlreichen markanten Gipfelhäupter ringsum können sich durchaus sehen lassen: Hochvogel, Gaishorn, Einstein, Rote Flüh, Gimpel, Kellespitze, Aggenstein … Die Begehung des ausgesetzten, zum Teil drahtseilgesicherten Steiges unterhalb der Gratschneide hinüber zum Tiroler Hauptgipfel, dem 1635 m hohen Sorgschrofen, bildet den spannenden Auftakt zu einer Länder verbindenden Rundtour über das Alpele zurück nach Unterjoch.*

**Ausgangspunkt:** Unterjoch (Ortsteil von Bad Hindelang), Bushaltestelle am Ortseingang, 1013 m. Mit dem Bus von Oy erreichbar.
**Anforderungen:** Kurze steile Anstiege. Pfade und Anliegersträßchen, am Gipfel Steig. Leichte und gesicherte, zwischendurch ausgesetzte Kletterstellen erfordern Trittsicherheit und Schwindelfreiheit. Vorsicht bei Nässe, nicht bei Schneeauflage!
**Einkehr:** Unterwegs keine Möglichkeit.

*Im Unterjocher Ortsteil Steineberg.*

Wir beginnen unseren Aufstieg an der Bushaltestelle am Ortseingang von **Unterjoch** ❶. Vor der Kirche beachten wir den Wegweiser »Fallanlage« und gelangen auf einem mit Eisenstegen und Treppen angelegten Wanderweg durch den dunklen Tobelschlund am wilden Bach entlang zu einem Wasserfall. Oberhalb schwenken wir rechts in das Teersträßchen ein und orientieren uns bei der Gabelung an der Beschilderung »Zinken«. Der Steinebergweg ist für den öffentlichen Verkehr gesperrt und wird von Ausflüglern als Spazierweg genommen. Im Süden riegeln der Kühgundkamm und die Rohnenspitze den Blick zu den Hin-

*Der Doppelgipfel Sorgschrofen (links) und Zinken.*

tersteiner Bergen ab. Wir kommen nach **Steineberg** ❷, 1060 m. Hier trifft man noch schöne alte Höfe an. Der in Wanderkarten eingezeichnete direkte Aufstieg von Steineberg zu den Zehrerhöfen ist am Verfallen und nicht empfehlenswert. Wir folgen dem Sträßchen »Am Zehrer«. Ponten und Bschießer schieben sich ins Bild.

Bei den **Zehrerhöfen** ❸, 1140 m, zeigt uns abermals der Wegweiser zum Zinken die Richtung. Nur noch ein kurzes Stück müssen wir mit einem Fahrweg vorlieb nehmen. Nach der Wasserleitung nimmt uns ein zwischendurch felsiger Wurzelpfad auf. Die reizvolle Route beschert ein abwechslungsreiches Berganwandern. Über steile, sonnige Alpweidehänge gewinnt man schließlich den später zunehmend schrofigeren Gratrücken.

Teils auf diesem, teils rechts davon etwas unterhalb erreicht man den wuchtigen Gipfelfelsen. Unterwegs ist beiderseits der Route auf Abbrüche zu achten. Drahtseile erleichtern nun die ansprechende und unproblematische Kletterei links durch eine kurze und gut gestufte Felsrinne mit hervorragenden Griffmöglichkeiten zum großen Felsenmaul. Zuletzt steigen wir auf der ausgesetzten Schattenseite in Kürze empor zum **Zinken** ❹, 1613 m, mit Kreuz.

Der Abstieg erfolgt auf dem Anstiegsweg.

Allgäuer Alpen

# 33 Reuter Wanne, 1542 m
## Rundtour über die Blösse

| 4.30 Std. | 11,7 km | ↗ 690 m | ↘ 690 m |

## Landschaftsmosaik zwischen Ober- und Ostallgäu

*Diese abwechslungsreiche Vorgebirgsrunde zwischen dem Ober- und dem Ostallgäu erfreut den Wanderer durch eine wohltuende Stille. Die Tiefblicke vom Aufstieg zur Blösse führen ein typisches Allgäuer Landschaftsmosaik vor Augen. Auch der Gipfelrundblick lässt einen ins Schwärmen geraten: die schneidigen zentralen Ammergauer, die Zugspitze, die Tannheimer und die Vilsalpseeberge, der wuchtige Daumen und ganz im Süden die Walsertaler Berge.*

**Ausgangspunkt:** Grüntensee-Camping, 900 m, an der Kreisstraße Wertach – Nesselwang.
**Anforderungen:** Kurze Steilaufstiege. Pfade und Steige, Wirtschaftswege und ein kurzes Straßenstück.
**Einkehr:** Buronhütte (Übernachtung), Alp Blösse.

Start ist am **Grüntensee-Camping** ❶ an der Kreisstraße Wertach – Nesselwang. Der Wanderwegweiser zur Buronhütte leitet im Bereich der Skiabfahrt eine vergnügliche Schlenderei entlang des mit Buschwerk eingewachsenen Schanzbachs ein. Ein kleines Stück östlich verläuft parallel zu unserem Aufstieg die Landkreisgrenze zwischen dem Ober- und dem Ostallgäu. Die nur mäßig ansteigende Route wechselt zweimal das Ufer des im weiteren Verlauf tobelartig in einen Mischwaldstreifen eingeschnittenen Bachlaufs. Zeitweise verlässt der Pfad den Wald und erfreut mit schönen Ausblicken auf den Grüntensee und hinüber nach Oy. Der entspannende, stille Wanderkurs quert das von Hinterreute heraufkommende Anliegersträßchen und schwingt sich teilweise wurzelig empor zu einer Alpweggabelung. Von dort ist es nur ein kleiner Abstecher zur bewirtschafteten **Buronhütte** ❷, 1150 m, einer beliebten Einkehr, in der im Sommer die Bergwanderer, im Winter die Skifahrer ihren Durst löschen können.

Zurück an der Gabelung, führt eine Schleife hinauf zur nahen **Alp Blösse** ❸, 1220 m. Kurzzeitig quert nun ein Wanderweg unter einem Steilabbruch zum prachtvollen Tiefblick auf den Marktflecken Wertach, wo ein Steigabschnitt ansetzt.

*Am Aufstieg zur Buronhütte.*

Wir erreichen nach einem Sattel auf steilstem, mit »Reuterwanne« beschildertem Forstweg die **Blösse** ❹, 1436 m, die den meisten nur als pfiffige Skiabfahrt bekannt ist. Diese der Reuter Wanne vorgelagerte Schulter ermöglicht freie Blicke auf die Berge ums Oberjoch, zur Daumengruppe und hinüber zum Grünten. An klaren Tagen genießt man von hier oben eine schier unermessliche Aussicht ins »Unterland«.

Durch Fichtenjungwald geht es auf einem wenig steilen, zwischendurch steinigen Steig, im Osten der Säuling und die Zugspitze, zum Gipfelkreuz der **Reuter Wanne** ❺, 1542 m. Erst die letzten steileren Meter findet man ganz baumlos vor.

Zurück am genannten Sattel unterhalb der **Blösse** ❹ gewinnt man von dem am Hang entlangführenden Alpweg in Richtung Vorderreute nochmals schöne Bergblicke. Anschließend wandern wir auf einem Steig durch dichten Wald steil über einen schmalen Bergrücken bergab. Nach einem Wiesenfleck ist die Markierung zu beachten. Auf der jetzt steinigeren Route gelangen wir, ab einer Bank kurz einem Forstweg folgend, nach **Vorderreute** ❻, 998 m. Dort geht's an der Kapelle vorbei und vom Ortsende auf einem leicht fallenden Wirtschaftsweg über zwei Bachläufe weiter nach **Hinterreute** ❼, 969 m.

An der ehemaligen Milchsammelstelle wenden wir uns nach rechts und bummeln über die Straßenkehre hinunter ins **Wertachtal** ❽, 885 m. Dort queren wir die Kreisstraße und nehmen kurz den Radweg bergab. Bei einem Stadel wechseln wir auf den Grüntensee-Rundwanderweg. Dieser führt uns anfangs an der Wertach, später am Seeufer entlang durch den erholsamen Auwald. Die schöne Abschlussetappe bringt uns zurück zum **Grüntensee-Camping**, an dessen Ende ein Weg bergauf zurück zum Startpunkt ❶ führt.

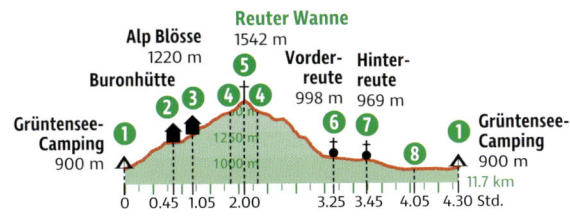

Allgäuer Alpen

# 34 Alpspitze, 1575 m
**Rundtour durch die Mühlbachschlucht**

| 4.30 Std. | 10,5 km | ↗ 710 m | ↘ 710 m |

*Spannender Schluchtweg zum Nesselwanger Hausberg*
*Der Tiefblick vom Waldschopf der Alpspitze auf das »Unterland« zählt zu den schönsten in den gesamten Allgäuer Vorbergen. Die malerische Moränenlandschaft zeigt sich vom Nesselwanger Hausberg mit seinem schroffigen Schlussstück in einem zauberhaften Blickwinkel. Nach dem beliebten und viel begangenen Aufstieg durch die spannende Mühlbachschlucht zu dem aus Helvetischer Kreide aufgebauten Gipfel begegnet man auf der Abstiegsvariante hinunter nach Bayerstetten kaum einen Wanderer. Möglicherweise ist der »unrentable« Haken, den dieser Weg schlägt, Schuld daran, dass er so geringen Zuspruch findet. Vielleicht liegt es aber auch am »ungepflegten« Zustand. Beides verleiht der Bayerstetter Route einen gewissen Pfiff – der Haken entlässt uns aus den Menschenströmen in die Einsamkeit und der steinige, teilweise etwas feuchte Waldweg ist seit vielen Jahrzehnten der gleiche geblieben.*

**Ausgangspunkt:** Nesselwang, Bahnhof, 867 m. Mit dem Zug von Kempten erreichbar.
**Anforderungen:** Längere steile Anstiege. Teils angelegte Pfade und Steige sowie Wald- und Wirtschaftswege; außerdem ein kurzer Gipfelsteig, der Trittsicherheit erfordert.
**Einkehr:** Sportheim Böck (Übernachtung).

Kurz nach dem Bahnhof in **Nesselwang** ❶ die Gleise überschreitend können wir gleich dem Mühlbach-Wanderweg Richtung Maria Trost folgen. Nach der Bundesstraßenquerung nehmen wir die Alpenstraße und am Straßenende bei den obersten Häusern den Pfad auf der rechten Bachseite. Immer auf das Schild »Wasserfall« achtend, führt die reizvolle Waldroute bergauf über mehrere Stege und entlang kleiner Wasserfälle und folgt weiterhin dem nunmehr lebendigeren Wildbach. Über endlos scheinende Holztreppen mühen wir uns empor zum großen Wasserfall. Im Fitness-Studio müsste man für ein ähnliches Schweißvergießen Eintritt bezahlen. An Steigverzweigungen stets bergwärts durch den Fichtenwald Richtung Alpspitz haltend queren

*Aussicht vom Alpspitzgipfel über das Allgäuer Alpenvorland.*

wir einen Alpweg und kommen zum **Sportheim Böck** ❷, 1450 m, am Kappelköpfl. Von der Veranda aus genießt man während einer verdienten Brotzeit eine schöne Aussicht ins Vilstal, zum Falkenstein und in die Tannheimer Berge.

Anschließend folgen wir dem Ziehweg hinauf zur Lachnerhütte mit ausgezeichneter Sicht auf die Füssener Seenplatte und in die Ammergauer Alpen. Vom **Alpspitzsattel** ❸, 1520 m, zwischen Alpspitze und Edelsberg spazieren wir auf einem Pfad über die sanft geneigten Weidehänge zum Fuß unseres Gipfelziels. Steile Stufen verleihen dem schrofigen Schlussanstieg zum Kreuz auf dem witzigen Felskopf der **Alpspitze** ❹, 1575 m, der nur wenig aus dem Wald hervorspitzelt, noch eine gewisse Würze.

Zurück am Bergfuß entscheiden wir uns für den Richtung Bayerstetten an einem Hüttchen vorbeiführenden Wanderpfad. Dieser leitet über den von Windwürfen gebeutelten Gratrücken hinunter zum Ende eines Forstwegs. Dort zweigt unsere Route nordwärts ab und mündet später in den schmalen und ausgewaschenen Waldweg von der Bayerstettner Alp. Nach einem ganz kurzen weglosen Wiesenabschnitt zur Einsattelung unter dem Bayerstetter Kopf geht's auf einem bald besseren Wirtschaftsweg talwärts nach **Bayerstetten** ❺, 950 m, mit den sehenswerten alten Holzhäusern.

Am Ortsanfang zeigt uns der Wegweiser »Alpspitzbahn – Nesselwang« den Kurs. Beim letzten Haus wandern wir rechts bergab in Richtung eines Wiesenbächleins und über zwei Stege zu einem Wasserhäuschen. Dort nimmt uns dann der zur Talstation der Sesselbahn führende Alpweg auf. Bei der Kirche in **Nesselwang** ❶ queren wir die Bundesstraße und spazieren zurück zum Bahnhof.

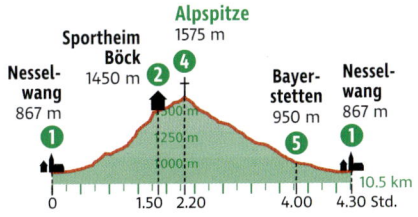

Allgäuer Alpen

## 35 Ponten, 2045 m, und Bschießer, 2000 m
**Rundtour mit Ponten-Überschreitung**

| 6.00 Std. | 13,6 km | ↗ 1090 m | ↘ 1090 m |    |

### Ein »Gebannter« und ein »Bscheißer«

*Am Zirleseck schwenkt der vorwiegend in nordöstlicher Richtung verlaufende Allgäuer Hauptkamm plötzlich nach Westen ab. Kaum merkbar sinkt der lange Gratverlauf vom Grashöcker des Zirlesecks ab und bäumt sich nochmals 200 Meter zum dreigipfligen Kalkriesen namens Ponten auf. Der Waldmantel dieses letzten echten Zweitausenders nach dem Gaishorn soll früher für die Holzfäller als Tabuzone gegolten haben. Daher der Name »Bante«, der gebannte Berg. Ob sein Nachbar, der Bschießer, nun 1999 m hoch ist oder volle 2000 m, darüber sind sich die Karten uneins. Sein im Volksmund angewandter Schimpfname »Bscheißer« bezieht sich aber nicht auf die aufgemotzte Gipfelhöhe, sondern auf die Steinschlagsalven, die er gelegentlich auf die Alpweiden loslässt.*

*Die Südflanke des Ponten, links der Bschießer.*

**Ausgangspunkt:** Schattwald, Ortsmitte, 1080 m. Mit dem Bus von Sonthofen erreichbar. Parkplatz an der nahe gelegenen Wannenjochbahn.

**Anforderungen:** Längere steile Aufstiege. Pfade und Steige sowie Forst- und Alpwege. Am Ponten kurze ausgesetzte Passage zum Kreuzgipfel. Trittsicherheit erforderlich.

**Einkehr:** Mittlere Stuibenalp.

In der Ortsmitte von **Schattwald** ❶ nehmen wir von der Bushaltestelle das zur Stuibenalpe beschilderte Sträßchen am Schattwaldbach aufwärts. Wir halten uns an die anfangs geteerte Route Richtung Pontental, das wir auf dem in der dritten Kehre bei einem Stadel abzweigenden, über Wiesenlichtungen führenden Wanderpfad erreichen. Nun nimmt uns ein Forstweg auf (rechts). Über uns erheben sich Rhonenspitze und Ponten, unterhalb plätschert der Pontenbach.

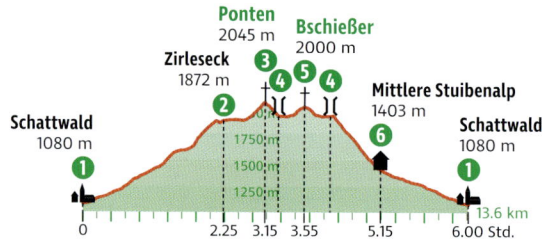

An einer Gabelung schwenkt der Weg ins obere Pontental ab. Die Beschilderung »Zirleseck« weist uns auf einen Steig durch eine Mulde. Mehr und mehr lichtet sich der Wald. Nach der Querung eines Geröllhangs geht es über anstrengendere Latschenhänge hinauf zum **Zirleseck** ❷, 1872 m, einer begrünten Kuppe. Hinter dem Zerrerköpfle ragt die breite Felsbastion des Gaishorns auf.

Man bleibt nun in westlicher Richtung einfach dem Höhenrücken entlang der Staatsgrenze treu und betritt nach einem kaum merklichen Abstieg die abschüssige Südflanke des Ponten. Nach dem Queren von Latschenstreifen zweigt etwa in der Falllinie des ersten Gipfelziels von dem kaum ansteigenden Pfad ein steiler Grassteig ab, der in Serpentinen auf der Tiroler Seite zum trigonometrischen Zeichen auf dem **Ponten** ❸, 2045 m, leitet. Eine wenige Meter breite Scharte trennt den Wanderer noch vom Kreuz. Nach einem etwas ausgesetzten Übergang mit kurzem Handanlegen steht man auf dem kleinen Felsgipfel und genießt den freien Rundblick. Ringsum namhafte Gestalten aus Gras und Fels.

Der Abstieg erfolgt, ebenfalls entlang der Grenze, über den nicht besonders steilen, wieder von Latschen bewachsenen Südwestrücken in die **Scharte** ❹, 1910 m, zwischen Ponten und Bschießer. Zur Linken zeichnet sich die scharf geschnittene Bschießerkante ab, eine der beliebtesten Allgäuer Klettertouren, bei freier Begehung im gehobenen V. Schwierigkeitsgrad. Nun führt ein steiler, aber problemloser Steig (Seilsicherung) über den schrofigen Gipfelaufbau empor zum **Bschießer** ❺, 2000 m. Wieder zurück in der **Scharte** ❹ steigen wir auf einem oft schuttbedeck-

*Das Gaishorn vom Zirleseck.*

ten Steig über die Steilstufe hinunter in das Pontenkar. Imponierend zeigt sich rückblickend die zerfurchte Nordseite des Bschießers. Endlich ist die bewirtschaftete **Mittlere Stuibenalp** ❻, 1403 m, erreicht. Nach einer längst fälligen Erfrischung brauchen wir nur noch dem anfangs flachen Alpweg talauswärts zu folgen, der uns durch den Wald hinunter nach **Schattwald** ❶ leitet.

# Das Tannheimer Tal

Das auf dem Oberjoch ansetzende und hauptsächlich von der Vils entwässerte Tannheimer Tal wurde vom Reiseschriftsteller Ludwig Steub als schönstes Hochtal Europas gepriesen. Der Name bedeutet so viel wie »Heim im Tann«.
Die Talbevölkerung hört es gar nicht so gern, wenn man ihre Heimat einfach dem Allgäu hinzurechnet. Unbestritten sind die Tannheimer Tiroler und keine Allgäuer. Doch was liegt näher, als einen Talzug, der quer durch einen Teil der Allgäuer Alpen verläuft, eben zum Landschaftsraum des Allgäus zu zählen, auch wenn die Tannheimer Berge wiederum fast ausschließlich Tiroler Berge sind.
Die erst verhältnismäßig späte Besiedelung des Tannheimer Tales erfolgte bis Grän von der Allgäuer Seite her. Nur das Gebiet um Nesselwängle wurde über den Gaichtpass, einen ehemals abenteuerlichen Saumpfad, von Tirol her besiedelt. Der Haldensee stellte im Mittelalter noch ein naturgegebenes Hindernis dar. Im Jahre 1485 kam das abgeschiedene Hochtal unter Erzherzog Sigismund zu Tirol, war jedoch auch in der Folgezeit nach dem Bau der Salzstraße für den Transport des weißen Goldes von Hall an den Bodensee stets eng mit dem Allgäu verbunden. Seit dem touristischen Zusammenschluss der Tannheimer, Lechtaler und südlichen Ostallgäuer Gemeinden einschließlich Bad Hindelang zum Vitalen Land sind die Nachbarn ohnehin noch enger zusammengewachsen.
Heute präsentiert sich das industriefreie und deutlich bäuerlich geprägte Tannheimer Tal als gefragte Sommerfrische und leistungsfähiges Wintersportgebiet. Dabei ist es den Tirolern gelungen, durch eine besonnene Fremdenverkehrspolitik den ursprünglichen Charakter des Tals und somit seinen ganz besonderen Reiz zu bewahren.
Abgesehen vom Engetal, Vilsalptal und Birkental findet man hier nur kurze Seitentäler. Von der Gewalt des über den Vilsalpsee hereinbrechenden Föhnwindes heißt es im »Handbuch für Reisende im Algäu, Lechthal und Bregenzerwald« von Josef Buck (1856): »Am Ausgange des kleinen Vilsalpthales ist der Bognerberg mit dem sogenannten Ungeheuer (volksm. Ukeur) zu erwähnen, das als wilde Windsbraut die stärksten Bäume knickt und in's Thal schleudert, auch wohl geladene Heuwagen, die ihm in den Weg kommen, umwirft u. dergl. mehr. Man hat von einer Felsenspalte gesprochen, aus der der gewaltige Luftstrom hervorbreche, in der That ist es nichts anderes als der Südwind (Föhn), der zwischen den Bergen des engen Thales gefesselt, durch den Schlund desselben an dem benannten Berge hervorbricht.«
Ein Kuriosum am Rande: Die Enge bei Grän hatte einst den plündernd durch das Land ziehenden Schweden einen Strich durch die Rechnung gemacht: Auf dem Weg von Füssen ins Tannheimer Tal stießen diese an der Schmalstelle auf einen vermeintlich »langen Kriegszug der Tannheimer«. Erschrocken zogen sie sich zurück. So hat die Fronleichnams-Prozession das Tannheimer Tal im Dreißigjährigen Krieg vor einem Angriff verschont.

Allgäuer Alpen

# Aggenstein, 1987 m
## Aus dem Engetal

**36**

| 5.15 Std. | 9,4 km | ↗ 830 m | ↘ 830 m |

      **TOP**

### Lieblingsberg mit vielen Gesichtern
*Obwohl ihm ein paar Meter zum Zweitausender fehlen, kann es der rundum kühn geformte Aggenstein dank seiner alpinen Ausstrahlung mit jedem seiner Nachbarn aufnehmen. Mehr noch, der stolze Hauptdolomit-Grenzzacken mit dem wechselnden Gesicht stellt sie einfach allesamt in den Schatten. Seine von Norden auffallend klobige Prachtgestalt mit dem düsteren, lotrechten Gemäuer macht ihn nicht nur bei den Allgäuern selbst äußerst beliebt. Die dem Gräner Talkessel zugewandte, sonnenverwöhnte und etwas stillere Südseite lockt sogar während der Wintermonate die ungeduldigen Bergwanderer an. Allerdings sollte man die steile Grasflanke unter dem Gipfel wirklich nur bei weichem Restschnee queren, die Lawinengefahr ist in diesem Bereich nicht zu unterschätzen.*

**Ausgangspunkt:** Grän, Bushaltestelle am Hotel Lumberger Hof im nördlichen Ortsteil, 1154 m. Parkplatz am Ortsende. Busverbindung zwischen Grän und Sonthofen.
**Anforderungen:** Längere steile Abschnitte. Steige und anfangs Forstweg. Leichte, mit Sicherungsketten entschärfte Kletterstellen setzen Trittsicherheit voraus.
**Einkehr:** In Lumberg und der Bad Kissinger Hütte (ehem. Pfrontner Hütte).

*Bad Kissinger Hütte am Aggenstein.*

Von der Bushaltestelle am Hotel Lumberger Hof, beim Campingplatz im nördlichen Ortsteil von **Grän** ❶, folgen wir dem Sträßchen bergauf nach **Lumberg** ❷, 1180 m. Unterm Seichenkopf vorbei wandern wir direkt auf unser elegant geformtes Gipfelziel zu. Kurz vor den Häusern von Enge schwenken wir auf den Richtung Aggenstein beschilderten Forstweg ab, der durch einen kaum ansteigenden Taleinschnitt führt. Der steilere Fußweg zur Bad Kissinger Hütte kürzt durch den Bergwald eine Wegschleife ab und quert den Seebach. Rasch lässt uns der fast durchwegs anstrengende, licht bewaldete Südrücken an Höhe gewinnen. Wir streben in Kehren dem Grat zu, der hinüber zum Brentenjoch verläuft. Der Wald tritt zurück. An den letzten Fichten vorbei wandernd empfängt uns die auf einem kleinen Felsvorsprung thronende **Bad Kissinger Hütte** ❸, 1792 m, mit modernem Anbau.
Nach einer kleinen Erfrischung queren wir auf weiterhin breit ausgetretenem Steig nur wenig ansteigend die grasige Südflanke des

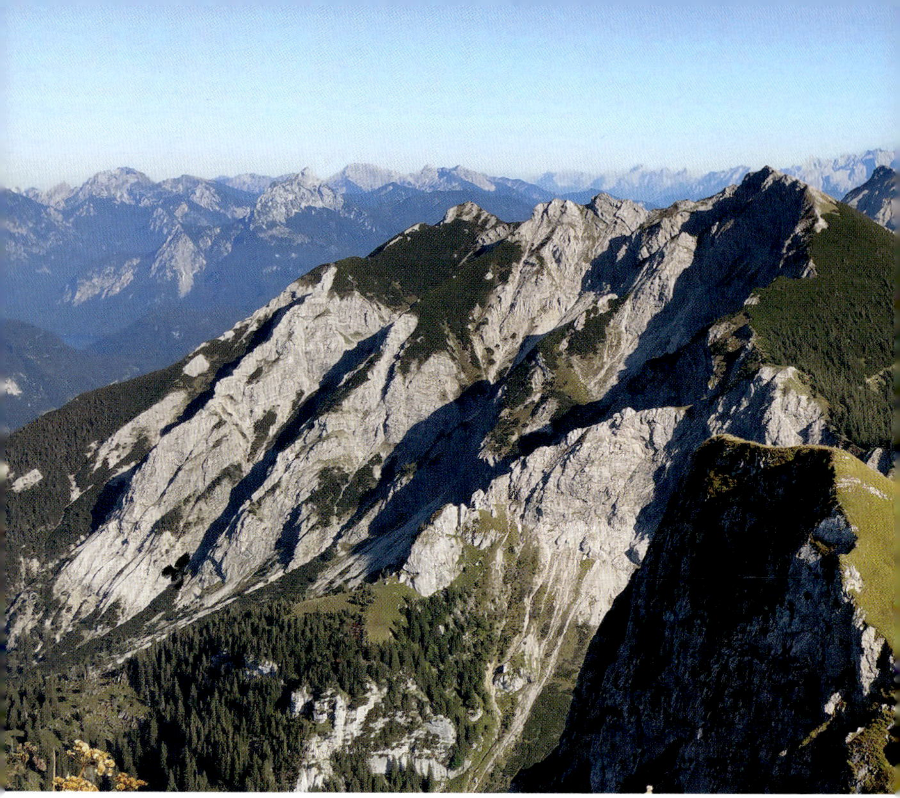

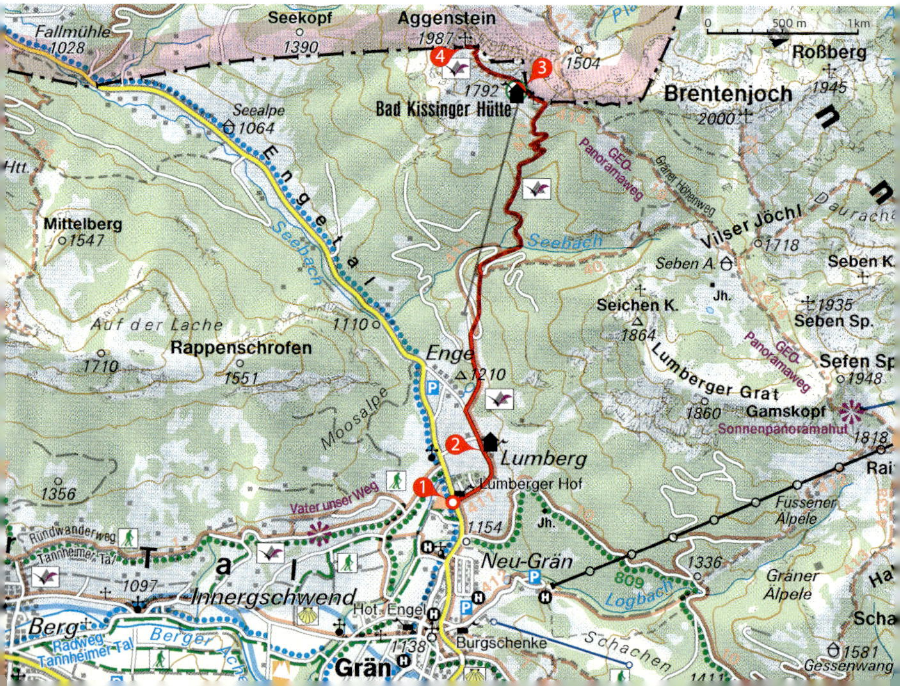

Fallmühle
1028
Seekopf
1390
Aggenstein
1987
0
500 m
1km
Roßberg
1945
1504
1792
Bad Kissinger Hütte
Brentenjoch
2000
Seealpe
1064
Engetal
GEO-Panoramaweg
Gräner Höhenweg
Mittelberg
1547
Seebach
Seebach
Vilser Jöchl
1718
Seben A.
Seben K.
Daurach
Jh.
1935
Seben Sp.
Seichen K.
1864
Auf der Lache
1110
Rappenschrofen
1551
1710
Enge
1210
Lumberger Grat
GEO-Panoramaweg
Sefen Sp
1948
Moosalpe
1860
Gamskopf
Sonnenpanoramahut
1818
Lumberg
1356
Lumberger Hof
Vater unser Weg
1154
Jh.
Füssener Älpele
Rundwanderweg
Tannheimer Tal
Tal
1097
Neu-Grän
1336
809
Gräner Älpele
Logbach
Innergschwend
Hot. Engel
Berg
Radweg Tannheimer Tal
Berger Ach
1138
Burgschenke
Schachen
1581
Gessenwang
Gräri

*Tannheimer Berge und Aggenstein-Ostgipfel (im Vordergrund).*

Aggenstein-Ostgipfels und mühen uns in steilem Zickzack durch eine Mulde hinauf zur Einsattelung an der Ostschulter des Hauptgipfels. Über eine mit Sicherungsketten entschärfte Schrofenpartie gelangt man – auch wenn es bei manchen Gipfelbewerbern ganz und gar nicht danach aussehen mag – ohne jegliche klettertechnische Höchstleistungen zum **Aggenstein** ❹, 1987 m, mit Kreuz. Auf diesem Schlussanstieg ist es empfehlenswert, ständig ein Auge auf seine Vorgänger zu richten. Gelegentlich lassen manche unbesonnene Gipfelaspiranten kleine, aber nicht zu unterschätzende Steinschlagsalven los.

Der Abstieg erfolgt auf dem Anstiegsweg.

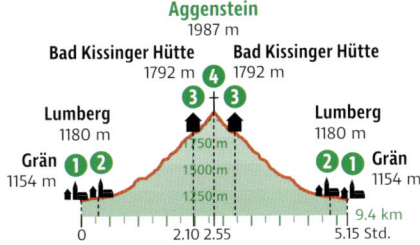

Allgäuer Alpen

# 37 Einstein, 1866 m
## Von Süden

| 4.15 Std. | 7,3 km | ↗ 770 m | ↘ 770 m |   |

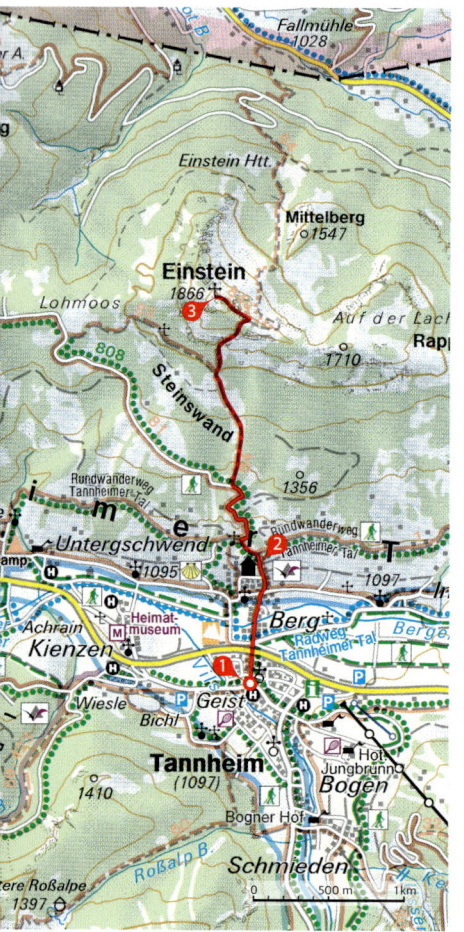

### Anziehendes Gipfelziel
*Selbst im Hochwinter zieht sich meistens eine Schneespur auf dem südseitigen Normalaufstieg zum ziemlich steilen, formschönen Einstein empor. Dennoch darf der zwischen Tannheimer Tal, Engetal und Vilstal aufragende Dolomitzacken mit seiner felsgestuften Schlussetappe nicht als ausgesprochener Winter-Wanderberg bezeichnet werden. Bei Vereisung oder Neuschneezuwachs sollte man die Gutmütigkeit des Berges keinesfalls überstrapazieren. Bedingt durch den beachtlichen Abstand zu seinen Nachbarbergen begeistert der Einstein bereits während des Aufstiegs mit prächtigen Ausblicken. Vom Gipfel bestechen sowohl die unzähligen Allgäuer Spitzen und die weite Schau übers Alpenvorland als auch die Fernblicke in die Ammergauer Berge, zur Mieminger Kette und in die Lechtaler Alpen.*

**Ausgangspunkt:** Tannheim, Kirche, 1097 m. Mit dem Bus von Sonthofen erreichbar. Parkplatz Richtung Berg, nach der Unterführung.
**Anforderungen:** Anhaltender Steilaufstieg. Pfade und Steige. Trittsicherheit unerlässlich. Vorsicht bei Nässe und Schnee!
**Einkehr:** In Berg.

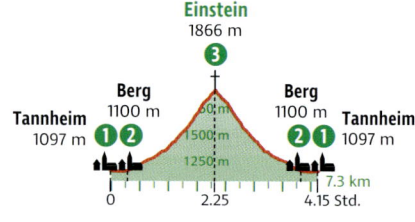

Allgäuer Alpen

In **Tannheim** ❶ führt von der Bushaltestelle nahe der Kirche ein Sträßchen durch die Bundesstraßen-Unterführung und geradeaus über die Vilsbrücke zum Ortsteil **Berg** ❷, 1100 m, mit einladender Hüttenrast. Der Wegweiser »Zum Einstein« lässt keinerlei Orientierungsprobleme aufkommen.

Beim obersten Haus, an einem Weidedurchgang, weist die Beschilderung Richtung Einstein auf einen ansteigenden Pfad. Die kurzweilige Route quert ein paarmal einen Forstweg. Unterwegs ergeben sich schöne Ausblicke über den Talboden mit Tannheim und in die Vilsalpseeberge. Schon bald werden die Bergwiesen von einem lichten Fichtenwald abgelöst. Unter einem abweisenden Schrofenriegel schwenkt unser Kurs rechts ab und schwingt sich in engen Steigserpentinen schweißtreibend über den sonnigen Latschensteilhang empor. Das allgegenwärtige, faszinierende Bergpanorama entschädigt für die sportliche Aktion. Von Wind und Wetter gebeutelte Fichten säumen unseren weiteren Aufstieg zum Ansatz des Südostrückens.

Plötzlich präsentiert sich der wohlgeformte Pyramidenstumpf des Aggensteins. Nordseitig bricht die Einstein-Schrofenflanke jäh ab. Wieder zwischen Latschen, teils in amüsanter Weise über leichte Felsstufen kraxelnd, hält die Steigung bis zum Gipfelkreuz auf dem **Einstein** ❸, 1866 m, ohne Erholungsetappe an.

Der Abstieg erfolgt auf dem Anstiegsweg.

*Der Einstein über dem Tannheimer Tal.*

Allgäuer Alpen

## 38 Große Schlicke, 2059 m
**Durchs Raintal**

| 7.45 Std. | 16,8 km | ↗ 1240 m | ↘ 1240 m |

*Eine der wuchtigsten Allgäuer Berggestalten*
*Gibt es einen vortrefflicheren Standpunkt, um die riesenhaften Nordwände der Tannheimer Hauptkette zu bestaunen, als den behäbigen Felsenthron der Großen Schlicke? In ehrenwerter Gesellschaft stehen sie da: Gehrenspitze, Kelleschrofen und Kellespitze sowie Gimpel und Rote Flüh. Die Schlicke stellt die bedeutendste Erhebung in der Vilser Gruppe dar, wie der Nordostkamm der Tannheimer Berge auch genannt wird. Die Route durchs Raintal ist sicher die eindrucksvollste unter den »normalen« Schlicke-Anstiegen. Wenn auch der Weg selbst nicht gerade zu den spannendsten gehört, die hochalpine Ausstrahlung eines der wildesten Allgäuer Hochtäler fesselt uns jedenfalls von Anfang an. Nach dem steilen Gipfelabstieg kann man auch dem unteren Steig durch den Wald zurück zur Otto-Mayr-Hütte folgen.*

**Ausgangspunkt:** Musau, Bahnhaltestelle, 821 m. Mit dem Zug von Pfronten erreichbar.
**Anforderungen:** Längere steile Anstiege. Steige und im mittleren Teil Forstweg.
**Einkehr:** Musauer Alp, Otto-Mayr-Hütte (jeweils mit Übernachtung).

Bei der Bahnhaltestelle in **Musau** ❶ weist an der Landstraße die Wanderbeschilderung »Otto-Mayerhütte« auf eine flach über die Wiesen führende Fahrspur. Am Bergfuß nimmt uns ein reizvoller Steig auf, der steil durch den Mischwald zum Felsentor der **Achsel** ❷, 1148 m emporklettert, einem Aussichtspunkt mit Lech-Tiefblick im Ostkamm des Musauer Bergs. Auf dem Ziehweg leicht bergab spazierend zeigen sich die Gehrenspitze und die Ammergauer Berge. Unsere Route mündet bald darauf in den von Roßschläg herauf kommenden Forstweg ein. Sanft bergan mit flachen Abschnitten geht's nun wenig oberhalb des Sababachs an einer Wildfütterung vorbei, hinein ins enge Raintal. Voll der Begeisterung hält man direkt auf die atemberaubenden Wände von Kellespitze und Gimpel zu. Am Fuß des Kelleschrofens erreicht man in der Talsohle die auf einem kleinen Weidefleck stehende, bewirtschaftete **Musauer Alp** ❸, 1290 m. Den direkten Steig von hier zur Großen

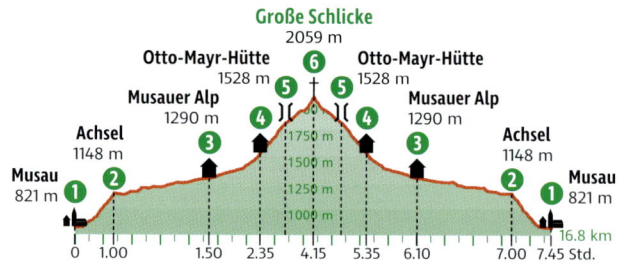

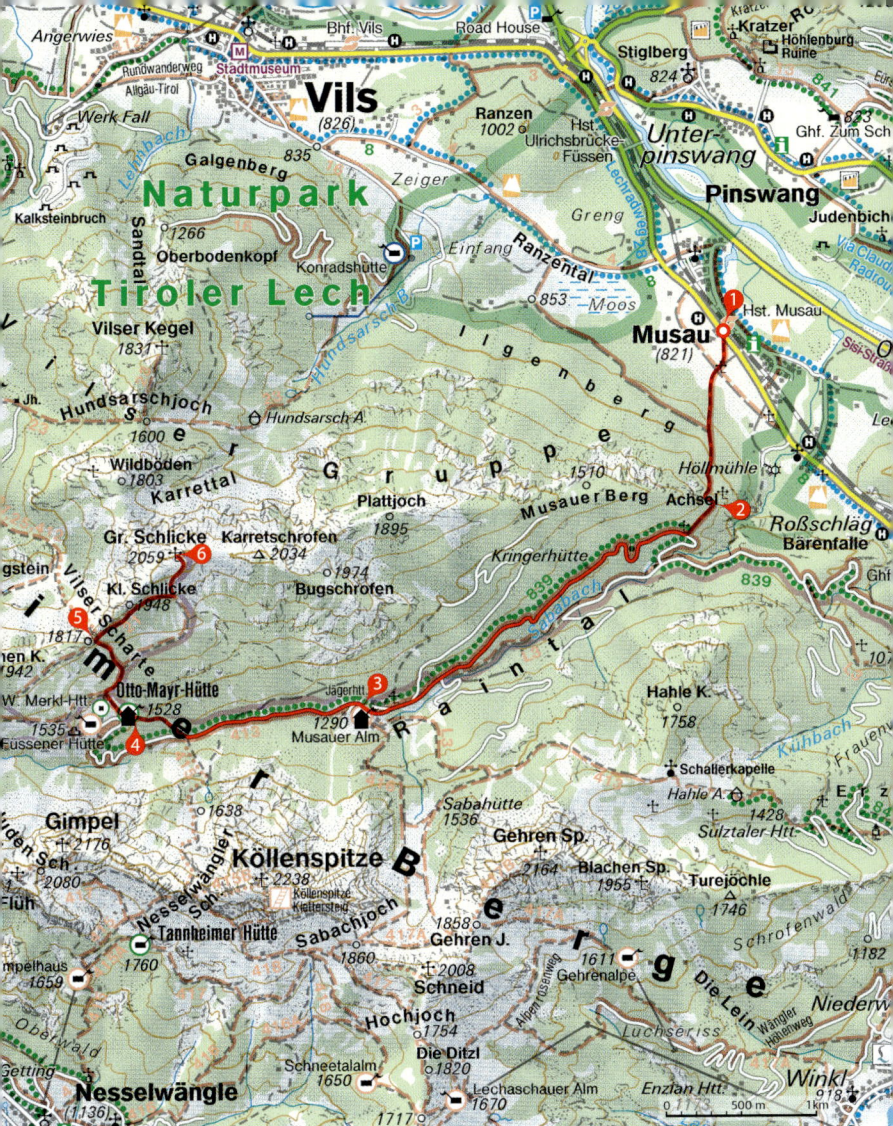

Schlicke könnte man sich für den Abstieg vormerken.

Wir wandern weiterhin gemütlich taleinwärts und erkennen hoch über uns bereits das Schlicke-Gipfelkreuz. Nicht weit nach der Alphütte, unter den kühnen Kelletürmen mit dem Löwenzahn, lenkt uns der Wegweiser »Otto-Mayr-Hütte« auf einen Steig, der die Fahrwegschleifen abkürzt. Die Route leitet durch lockeren Wald, in fesselnder Nähe die Gimpel-Nordwand, quert unter einem kleinen Wasserfall ein Bächlein und steigt hinauf zur einladenden **Otto-Mayr-Hütte** ❹, 1528 m. Nicht weit entfernt stehen die von bescheidenen Alpweiden umgebene Füssener

*Blick vom Weißensee zum Schlickemassiv.*

Hütte mit ihrem sehenswerten Alpenblumengarten sowie die Willi-Merkl-Hütte. Über dem Talschluss erhebt sich der Schartschrofen.

Direkt an der Otto-Mayr-Hütte beginnt der Steig zur Schlicke. Nach einem kurzen Stück über einen freien Hang halten wir uns an einer Verzweigung im lichten Wald noch Richtung Schlicke und lassen uns an der folgenden Gabelung von der Beschilderung »Vilser Scharte« den Weiterweg zeigen. Wir steigen nun über steile Latschenhänge mit den letzten Fichten bergan zur **Vilser Scharte** ❺, 1817 m. Die faszinierenden Einblicke in die gegenüber aufragenden Kletterzacken – auch die Rote Flüh hat sich mittlerweile hinzugesellt – entschädigen unterwegs für die Aufstiegsmühen. Aus der Scharte setzt zur Linken der Schrofenkamm des Hahnenkopfs an, rechts zieht die Gratlinie zur Kleinen Schlicke empor. Nördlich schaut man über den Talkessel mit der Vilser Alp hinaus auf die hügelreiche Ostallgäuer Moränenlandschaft.

Der Steig zur Großen Schlicke führt nun kaum ansteigend durch Latschengassen unter ihrer kleinen Schwester vorbei. Nach einem Aufschwung queren wir, abermals ohne merkliche Steigung, die Südflanke. Zuletzt erreicht man in ein paar steilen Kehren über das leicht schrofige Dach die **Große Schlicke** ❻, 2059 m, mit Kreuz.

Der Abstieg erfolgt auf dem Anstiegsweg.

Allgäuer Alpen

# Rote Flüh, 2111 m
## Über das Gimpelhaus

**39**

| 5.45 Std. | 8,5 km | ↗ 980 m | ↘ 980 m |

### Paradeberg des Tannheimer Tals

*Neben dem Aggenstein ist die aus hellem Wettersteinkalk gemauerte Rote Flüh der bekannteste und von Bergwanderern und Kletterern gleichsam am meisten umworbene Gipfel der Tannheimer Berge. Mit ein Grund für den regen Besuch ist sicherlich der im Vergleich zu den benachbarten Gipfelrouten verhältnismäßig unschwierige Zugang. Aber natürlich tragen auch das äußerst attraktive Erscheinungsbild und der herrliche Haldensee-Tiefblick mit zur Beliebtheit bei. Eine begeisternde Routenerweiterung ergibt sich mit der Überschreitung des Schartschrofens nach dem unterhaltsamen Westabstieg der Roten Flüh (I). Der aus der Gelben Scharte ansetzende Friedberger Klettersteig (II, Klettersteigausrüstung!) bereitet dem einigermaßen geübten Bergwanderer eine Menge Spaß.*

**Ausgangspunkt:** Nesselwängle, Wanderparkplatz (Bushaltestelle) am westlichen Dorfrand im Ortsteil Schmitte, 1150 m. Mit dem Bus von Sonthofen erreichbar.

**Anforderungen:** Lange Steilaufstiege. Steige und Wirtschaftswege. Leichte, teils drahtseilgesicherte Kletterstellen erfordern Trittsicherheit. Vorsicht bei Nässe!

**Einkehr:** Gimpelhaus (Übernachtung).

*Die Südwand der Roten Flüh.*

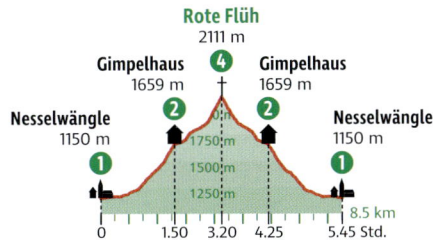

*Östlich unseres Gipfelziels erheben sich die beiden Nachbarn Gimpel und Kellespitze.*

Am westlichen Ortseingang von **Nesselwängle** ❶ findet sich sowohl eine Bushaltestelle als auch ein geräumiger Parkplatz. Der Wanderwegweiser zum Gimpelhaus zeigt auf eine bergwärts führende Anliegerstraße, kurz darauf dirigiert er uns in ein flaches Quersträßchen. Über uns bestimmt die Südwand der Roten Flüh das Bild. Auf einem Felsvorsprung ist bereits der private Bergstützpunkt sichtbar. Wir spazieren oberhalb des Dorfes entlang, an einem verbauten Wildbach vorbei, bis die Beschilderung »Gimpelhaus« auf einen Pfad weist. Der nach einem Forstwegabschnitt anfangs noch gemütlich durch einen Jungwald leitende Steig entpuppt sich bald als durchwegs steiler Wadenschinder. Die zahlreich angelegten Stufen erleichtern das Höhersteigen jedoch deutlich. Durch einen Hochwaldstreifen erklimmen wir den

Aussichtsbalkon mit dem **Gimpelhaus** ❷, 1659 m. Hier steht man dem beliebten Südwand-Kletterdorado an Flüh und Hochwiesler ziemlich nah, tief unten der grüne Haldensee und im Süden die Lechtaler Berge.

Nun geht's gemütlich auf dem oberen Steig an der Gimpelalp vorbei, bergan zu einer Verzweigung, wo wir uns links halten. In einer Hochwanne mündet der Aufstieg von der Tannheimer Hütte ein. Über uns erhebt sich der Kleine Gimpel, auch Schäfer genannt. Die Route zur Flüh leitet nun anfangs noch über sanft ansteigende Grasböden um den Hochwiesler herum und hält auf den markanten Gimpel zu. Oberhalb des Gimpelkars steigen wir am Fuß der Geröllhänge und zuletzt steiler im Zickzack hinauf zur **Judenscharte** ❸, 2000 m. Hier beginnt der berühmte Gimpel-Westgrat. Mit etwas Glück kann man einer Seilschaft beim Hochturnen zusehen.

Wir wenden uns um eine Ecke und überlisten auf präparierten Stufen, mit doppelseitigen Drahtseilen gesichert, einen steilen Felsaufschwung. Anschließend zeigt sich die Angelegenheit wieder ganz allgäutypisch: eine kurzweilige Schrofenrinne, die bei Nässe Vorsicht erfordert, und ein begrüntes Berghaupt. Und schon ist der Gipfel der begehrten **Roten Flüh** ❹, 2111 m erreicht.

Der Abstieg erfolgt auf dem Aufstiegsweg.

Allgäuer Alpen

# 40 Kellespitze, 2238 m
## Über die Tannheimer Hütte

**TOP** | 7.15 Std. | 9,1 km | ↗ 1110 m | ↘ 1110 m

### Königin der Tannheimer Berge
*Nordseitig bricht die Kellespitze (auch Köllenspitze), einst derb Metzenarsch genannt, mit bis zu über 700 Meter hohen Wänden ins Raintal ab. Die Westseite zeigt auch ihre Zähne. Doch beim Annähern wird man der Zahnlücken gewahr, die zwar zum Teil unangenehm brüchige Stellen aufweisen, aber dem etwas klettergeübten Bergwanderer doch einen akzeptablen »Weg« erschließen. Besonnenes Steigen und stetes Achten auf die »logische« Route mit den nur sparsam markierten Trittspuren sind hier oberstes Gebot. Auf der höchsten Spitze der Tannheimer Berge erwartet den Besucher ein instruktiver Rundblick: die Ammergauer Alpen, das Wettersteingebirge und die Mieminger Kette, die Lechtaler Alpen und natürlich das aufgewühlte Gipfelmeer der Allgäuer Berge. Trotz ihrer Makel wird man die Kellespitze nach gelungenem Gipfelgang in die Reihe der schönsten Allgäuer Bergwanderungen aufnehmen.*

**Ausgangspunkt:** Nesselwängle, Wanderparkplatz (Bushaltestelle) am westlichen Dorfrand im Ortsteil Schmitte, 1150 m. Bus von Sonthofen.

**Anforderungen:** Lange Steilaufstiege. Steige und Wirtschaftswege. Die mitunter kraftfordernde Kletterei (II) in teils brüchigem Fels (Reepschnursicherung!) verlangt absolute Trittsicherheit und Schwindelfreiheit. Nicht bei Nässe, Nebel oder Schneeauflage! Bis zur Nesselwängler Scharte mittelschwer.

**Einkehr:** Gimpelhaus, Tannheimer Hütte (jeweils mit Übernachtung; die Tannheimer Hütte ist 2022 geschlossen, geplant ist ein Neubau).

Der Aufstieg von **Nesselwängle** ❶ bis zum **Gimpelhaus** ❷, 1659 m, ist identisch mit Tour 39. Bei der Hütte wenden wir uns dem unteren Steig zu, der uns in Kürze durch eine licht bewaldete Mulde hinüber zur **Tannheimer Hütte** ❸, 1713 m, bringt. Für 2022 ist ein Neubau des beliebten, leider seit Längerem geschlossenen Alpenvereinsstützpunktes geplant.

*Unterwegs zur Nesselwängler Scharte.*

Der legendäre Fischer-Franze mit seinem beispielhaften Humor und seiner geliebten Zither führte auf der alten Hütte bis 1977 Regie.

Wir wenden uns nach einer behaglichen Rast Richtung Rote Flüh kurz bergan zum Kreuzungspunkt in einer Hochmulde, wo die Route vom Gimpelhaus einmündet, und mühen uns, die Beschilderung »Köllenspitze« beachtend, über steile Grashänge in Steigkehren hinauf zum Bergfuß des Kleinen Gimpels. Inmitten einer wilden Felszenerie geht es wieder flacher, an den beiden Verzweigungen Richtung Otto-Mayr-Hütte haltend, über ein Geröllfeld bis zur **Nesselwängler Scharte** ❹, 2007 m. Rechts die Kellespitze, links der Kleine Gimpel. Mit Raintaltiefblick führt uns der Steig nun unter die Nordflanke der Kellespitze. Über uns verläuft der Westgrat. Nach ein paar Schrofen, die unschwierige Kletterei erfordern (I+), steigen wir über mäßig steile Grasstufen bergan, »Lenzles Anstand« genannt, und müssen anschließend wieder ein Stück durch eine Felsrinne (I) abklettern. Aus einem schuttigen Graben geht es nun mit herrlichen Ausblicken zu den zackigen Nordgrattürmen mit dem kühnen »Löwenzahn« über festen Fels steil hinauf zu einer Geröllrinne (I). Nach einem kleinen abschüssigen Links-Quergang betreten wir die unangenehm brüchige Ausstiegsschlucht. In sorgfältiger Kletterei, um die Nachsteigenden nicht zu gefährden, legen wir uns mit dem neckischen Klemmblock an. Der kurze Kraftakt (II) wird durch ein Sicherungsseil und Eisenklammern nur geringfügig erleichtert. Über problemloses Schrofengelände gelangen wir schließlich zum Gipfelkreuz der **Kellespitze** ❺, 2238 m. Abstieg auf dem Aufstiegsweg.

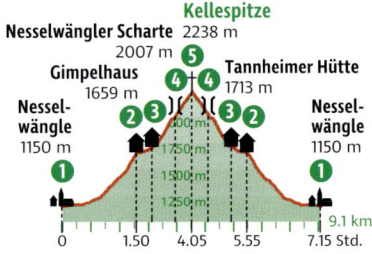

141

Allgäuer Alpen

# 41 Steinkarspitze und Lachenspitze, 2126 m
### Über die Landsberger Hütte

| 6.30 Std. | 13,6 km | ↗ 1070 m | ↘ 1070 m |

*Lockende Felsenthrone mit bezauberndem Dreiseenblick*

*Unter den recht verschiedenartig gestalteten Hausbergen der Landsberger Hütte ist die Lachenspitze das vornehmste Ziel. Ihre breit gelagerte Felsenstirn aus zerschrundenem Dolomitgestein und die von Türmen besetzten Grate machen bereits vom Vilsalpsee aus einen mächtigen Eindruck. Bis zum Gipfel begrünt, ermöglicht die Südflanke dem einigermaßen trittsicheren Bergwanderer einen problemlosen Aufstieg. Der Tiefblick zählt zweifellos zu den schönsten in den Allgäuer Alpen. Einer Perlenkette gleich, reihen sich der Vilsalpsee, der Traualpsee und die Lache aneinander. Auf einer Tagestour kann man die Steinkarspitze spielend mitnehmen. Wer leichte Kletterstellen nicht scheut, mag diesem Zusatzziel über den unterhaltsamen Nordwestgrat aufs Dach steigen. Nur vollkommen Trittsicheren kann der Abstieg von der Lachenspitze über den Nordostrücken empfohlen werden.*

**Ausgangspunkt:** Gasthaus Vilsalpsee, 1168 m. Bus von Sonthofen. Fahrverbot ab Tannheim 10.00–17.00 Uhr.
**Anforderungen:** Längere steile Anstiege. Steige und anfangs Wirtschaftssträßchen. Kurze Steiganlage zur Landsberger Hütte. Trittsicherheit erforderlich.
**Einkehr:** Untere Traualp, Obere Traualp, Landsberger Hütte (Übernachtung).

*Die Schochenspitze von der Landsberger Hütte.*

Ein mit zwei Dämmen vor Bergstürzen geschütztes Wirtschaftssträßchen folgt von der Bushaltestelle am **Gasthaus Vilsalpsee** ❶ dem Ostufer des meist reich bevölkerten Berggewässers. Kugelhorn und Rauhhorn stehen auf dem Seespiegel kopf. An der **Unteren Traualp** ❷ mit der Tal-

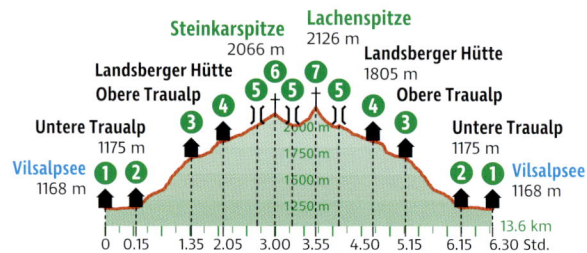

Allgäuer Alpen

station der Materialseilbahn zweigt unsere Aufstiegsroute zur Landsberger Hütte ab. Nach einem Waldstück rieselt ein kleiner Wasserfall verspielt über die wilde Schrofenflanke der Blässe. Unter einem abweisenden Felsriegel löst die Krummholzzone endgültig den Fichtenwald ab. Zuvor queren wir eine Bachrinne und mühen uns nach der Hangquerung zu Füßen eines mehrstufigen Wasserfalls die grob steinigen Steigwindungen empor. Tief unter uns liegt der seegefüllte Talschluss.

Bald ist die Karschwelle des Traualpsees erreicht. Die **Obere Traualp** ❸, 1649 m, duckt sich an die wild aufbäumende Steilflanke der Schochenspitze. Auf einem Schrofenriegel sieht man bereits die Landsberger Hütte stehen. Darüber dominiert die Lachenspitze.

Ein Weilchen schlendern wir über flache Weideböden, dann legen wir uns unter einem Wasserfall zwischen den letzten Fichten und Zirben mit dem anregenden und stahlkettengesicherten Felsenweg über die obere Karschwelle zur Unterkunftshütte des Alpenvereins an. Am Fuß einer Schutthalde taucht kurz vor dem Hüttenziel das dritte Berggewässer auf, die Lache. Was für ein Standpunkt! Gras und Fels geben sich in

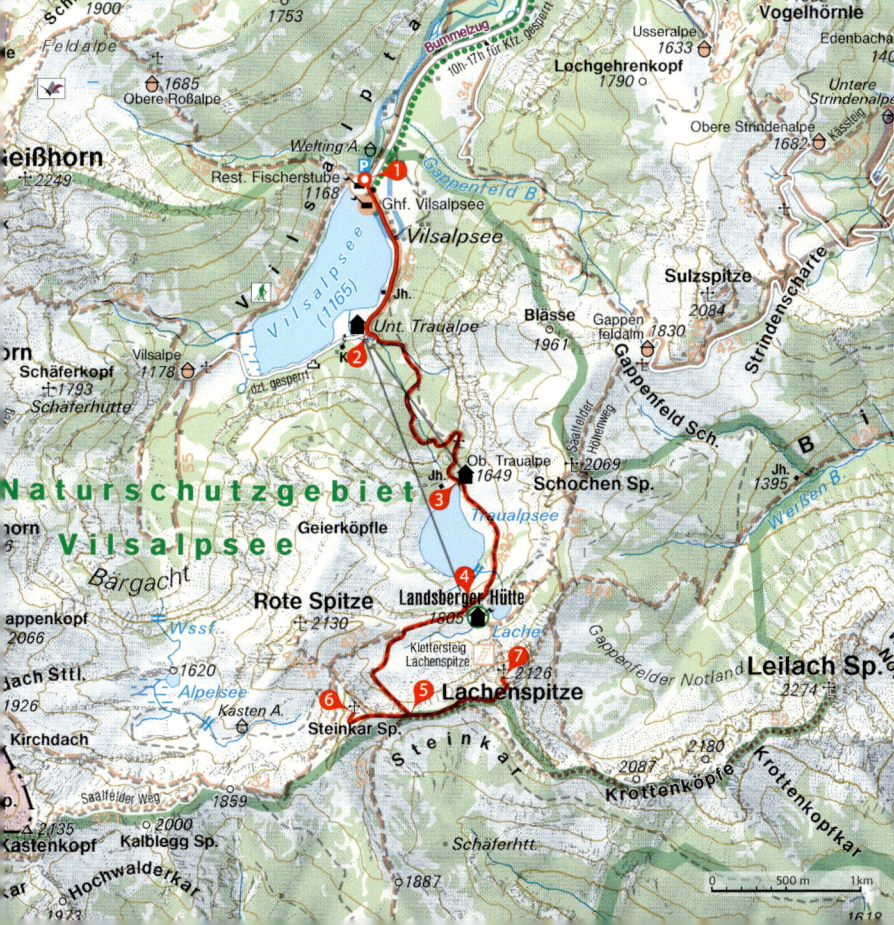

*Tiefblick von der Lachenspitze: Lache, Traualpsee und ganz hinten der Vilsalpsee.*

der Gebirgsumrahmung ein faszinierendes Wechselspiel. Von der **Landsberger Hütte** ❹, 1805 m, orientieren wir uns am Wegweiser »Steinkarspitze«. Der Pfad hält über gemütliche Grashänge direkt auf unseren ersten geplanten Gipfel zu. An der Gabelung wählen wir die anfangs noch flache Route Richtung Lachenspitze und überschreiten zwei kleine Gräben. Im Rücken die Schochenspitze, gehen wir das begrünte Kar aus und queren mäßig steil ansteigend die unteren Schrofenhänge der Steinkarspitze. Von der **Steinkarscharte** ❺, 1955 m, genießt man einen herrlichen Ausblick in die Lechtaler Alpen. Kurz vor Erreichen der Scharte spitzeln über dem Östlichen Lachenjoch die Tannheimer Kalkzinnen hervor.

Nun setzt unser westlicher Gipfelaufstieg an. Die Querung der schrofigen Südflanke ist auf dem wenig steilen Steiglein leicht begehbar, auch die letzte Etappe über den grasigen Südwestgrat verlangt keinerlei Handanlegen. Vom Gipfelkreuz der **Steinkarspitze** ❻, 2066 m, blickt man hinunter ins Lechtal und hinaus ins Tannheimer Tal, dazwischen begeistern Luchsköpfe und Leilachspitze. Über dem einsamen Talschluss des Vilsalptals gipfeln die felsigen Gesellen der Daumengruppe. Als besonderer Blickfang jedoch fesselt der Hochvogel.

Aber wir haben ja noch den höheren Nachbargipfel auf unserer Wunschliste stehen. Ohne Eile steigen wir hinunter zur **Steinkarscharte** ❺. Die Beschilderung zur Lachenspitze weist auf einen erst flachen, später etwas steileren Steig, der die schrofendurchsetzten Südhänge bis unter den Gipfel quert. In etwas beschwerlich engen Schuttkehren gewinnen wir das Gipfelkreuz der **Lachenspitze** ❼, 2126 m.

Vom Gipfel geht es zurück zur **Steinkarscharte** ❺ und auf bekanntem Weg hinunter zum **Vilsalpsee** ❶.

Allgäuer Alpen

# Leilachspitze, 2274 m
## Durchs Birkental

| 8.45 Std. | 17,8 km | ↗ 1240 m | ↘ 1240 m |

TOP

### *Eine Prise Kanada im Tal des Weißenbachs*

*Um 1400 Meter überragt die königliche Leilachspitze, ein prachtvoll geformter Kalkriese, die Lechfluten bei Weißenbach. Weit und breit kann ihr kein Berg das Wasser reichen. Klar, dass man den langen Weg ganz besonders auch wegen der einzigartigen Gipfelrundsicht unternimmt. Aber nicht nur deswegen. Das romantische, vom ungestümen Weißenbach durchströmte Birkental zählt zu den einprägsamsten Hochtälern der Allgäuer Alpen. Die Ausstrahlung der einsamen Talfurche, diese mit einer Prise Kanada gewürzte Szenerie ist allein schon einen Besuch wert. Die spärlich verteilten Markierungen am Gipfelaufstieg setzen ein klein wenig Orientierungssinn voraus. Der Nordgrat überrascht schließlich noch mit einer kleinen und ein wenig brüchigen Klettereinlage.*

**Ausgangspunkt:** Rauth (Ortsteil von Nesselwängle), Parkplatz am Ortsende, 1140 m. Abzweigung nach Rauth per Bus von Sonthofen erreichbar (20 Min. Fußweg von der Tannheimer-Tal-Bundesstraße zum Ausgangspunkt).
**Anforderungen:** Längere steile Abschnitte. Steige (im Talbereich kurzzeitig mit Stahlseilen gesichert), Steigspuren und Forstwege. Kleine unschwierige, teils brüchige Kletterei (I). Trittsicherheit erforderlich. Nicht bei Nebel oder unsicherem Wetter, Vorsicht bei Nässe! Bis ins Weißenbacher Notländerkar mittel.
**Einkehr:** Keine Möglichkeit.

Beim Parkplatz am Ortsende von **Rauth** ❶ zeigt der Wegweiser zur Landsberger Hütte ins Birkental. Der nur sanft steigende Forstweg leitet anfangs an Weidehängen entlang und hält direkt auf die Leilachspitze zu. Beim kleinen Wasserfall queren wir einen Wildbach, links erhebt sich die Pyramide des Thanellers. Nach einem kleinen Höhenverlust hält der erholsame Spaziergang durch das nun bewaldete Tal an. Über dem Talschluss baut sich die Schochenspitze auf. Der Wegweiser »Leilach« lenkt uns auf einen direkt über dem rauschenden Weißenbach entlangführenden Steig. Ein Schild macht uns vor der Querung des abenteuerlich anmutenden Grottentals auf die kurzzeitig bestehende Steinschlaggefahr aufmerksam. Die mit vorbildlich verankerten Stahlseilen

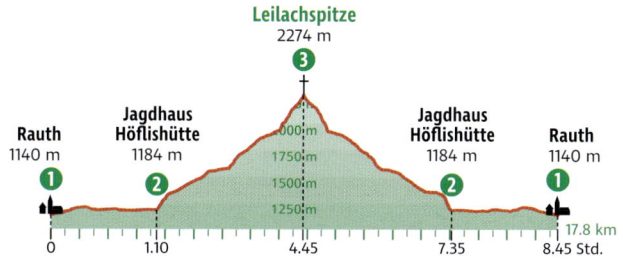

145

*Am wilden Weißenbach vor der Höflishütte.*

*Leilachspitze und Weißenbacher Notländerkar über dem Birkental.*

gesicherte Weganlage leitet uns in abschüssigem Gelände über den tobelartig eingeschnittenen Sturzbach.

Anschließend präsentiert sich das Tal wieder weniger spektakulär, dafür einsam und romantisch. Nach kurzem Abstieg in die Talsohle kommen wir zum **Jagdhaus Höflishütte** ❷, 1184 m, einem netten Rastplatz. Hier betreten wir das Naturschutzgebiet. Wir verlassen nun ganz kurz vor der Hütte das Birkental mit dem zur Landsberger Hütte leitenden Weg und orientieren uns abermals am Schild »Leilach«. Kurz oberhalb des Stegs über den jungen Weißenbach mündet unser Kurs links in einen Forstweg. Schon nach wenigen Metern zweigt wieder ein Steig ab, der in unterschiedlichen Steigungen mit Erholungsetappen durch den Wald, später mit ein paar natürlichen Bachquerungen durch die Krummholzzone hinaufzieht.

Jenseits des Birkentals ragen der Litnisschrofen und die grüne Krinnenspitze auf, über dem Tannheimer Tal Kellenspitze und Gehrenspitze. Nach der Querung der sanft gewellten Schafweiden des Weißenbacher Notländerkars, über denen der Felskoloss der Leilachspitze thront, gelangt man, den Bezeichnungen folgend, unter zwei schneidigen Felszähnen vorbei über einen spärlich begrünten Schuttkegel. Im Bereich einer Rinne lässt man sich nicht ganz ohne Mühe von einem unangenehm feinsplitterigen, ausgesetzten Steig steil empor zum Nordgrat der Leilach leiten. Steigspuren, zwischendurch mit etwas brüchigen Stufen, führen meist leicht rechts des schrofigen Gratverlaufs, zuletzt mit unschwierigen Kletterstellen in der kurzen Gipfelrinne, zur erhabenen **Leilachspitze** ❸, 2274 m.

Der Abstieg erfolgt auf dem Anstiegsweg.

Allgäuer Alpen

# 43 Krinnenspitze, 2000 m
## Über Enziansteig und Südrücken

| 4.15 Std. | 7,0 km | ↗ 860 m | ↘ 860 m |

*Einsame Grashaube mit Lechtaler-Alpen-Blick*

*Obwohl die Krinnenspitze alles andere als ein berühmter Berg ist, muss der Wanderer direkt die Qual der Wahl erdulden, wenn er den schönsten Aufstieg zum östlichsten Gipfel der Vilsalpseegruppe sucht. Wünscht man sich einen Weg, den man noch spät oder schon wieder früh im Jahr begehen kann, entschließt man sich vorzugsweise für den Rauther Enziansteig. Als weit östlich vorgerückte Aussichtsloge begeistert die bis obenhin begrünte Krinnenspitze besonders mit informativen Blicken zur langgezogenen und vielgestaltigen Kette der Lechtaler Alpen sowie zur Zugspitze und in die Mieminger Berge. Herrlich präsentiert sich auch das Tannheimer Tal mit dem grün schimmernden Haldensee und den zackigen Tannheimer Klettergipfeln.*

**Ausgangspunkt:** Rauth (Ortsteil von Nesselwängle), Imbissstube Klein-Meran, 1140 m. Parkplatz am Ortsende. Die Abzweigung nach Rauth ist mit dem Bus von Sonthofen erreichbar (etwa 20 Min. Fußweg von der Tannheimer-Tal-Bundesstraße ins Ortszentrum von Rauth).
**Anforderungen:** Kurze Steilstücke. Durchwegs Steige. Bei Nässe sehr schmierig.
**Einkehr:** Keine Möglichkeit.

*Vom Gipfel der Krinnenspitze hat man unmittelbar die gewaltige Kalkburg der Kellespitze vor Augen.*

Bei der Imbissstube Klein-Meran im Ortszentrum von **Rauth** ❶ zeigt das Schild zur Landsberger Hütte taleinwärts. Gleich darauf zweigt der reizvolle, mittelsteile und recht steinige Steig zur Krinnenspitze ab. Durch Fichtenwald wandernd halten wir uns an einer Gabelung an den Enziansteig, dem wir auch bei einer Forstwegquerung Richtung »Edenalpe« treu bleiben. Am Waldrand bei einem alten Heustadel quert die herrlich einsame Route den rechten der beiden Quellbäche. Nach einem steilen Aufschwung über Grashänge geht es wieder gemütlicher auf einem von einzelnen Fichten bestandenen Bergsporn zwischen zwei Bachtälchen zu weiteren Heustadeln. Dort schwenken wir kurz links ab und steigen durch eine weite Graswanne bergan. Schöne Rückblicke ergeben sich zur Gaichtspitze und ins Lechtal. Zudem rücken nun immer mehr Lechtaler Berge ins Bild. Auf der **Südschulter** ❷, 1850 m, weist uns die Beschilderung den Schlussaufstieg zum Gipfelziel. Am Ostfuß des Litnisschrofens erkennt man die Gräner Ödenalp. Über den gemütlichen, grasigen Südrücken wandern wir nun ohne Eile empor zum Kreuz, der **Krinnenspitze** ❸, 2000 m.

Der Abstieg erfolgt auf dem Anstiegsweg.

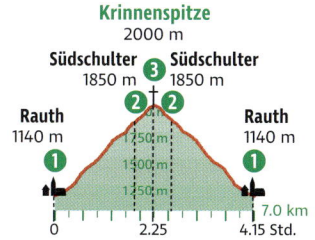

Allgäuer Alpen

# 44 Zirmgrat, 1292 m
**Rundtour über den Alatsee**

| 3.40 Std. | 10,7 km | ↗ 550 m | ↘ 550 m |

## Kammwandern zwischen Weißensee und Vilstal

*Obwohl der Europäische Fernwanderweg E4 über den Falkenstein und die weitere Kammfortsetzung zum Alatsee verläuft, ist die vergnügliche Höhenbummelei entlang der bayerisch-tirolischen Grenze eine Unternehmung für Freunde stiller Wege geblieben. Während des entspannenden Lustwandelns auf den reizvollen Waldsteigen hoch überm Weißensee wechseln die Eindrücke zwischen dem romantischen Füssener Seenland und den stattlichen Tannheimer Bergen jenseits des Vilstals. Auch die kleinen Gipfelzugaben, Einerkopf und Zwölferkopf sowie der Salober, sind bei entsprechender Vorsicht im teils abschüssigen und weglosen Gelände auf kleinen Abstechern ohne große Probleme zu ergattern.*

**Ausgangspunkt:** Oberkirch (Ortsteil von Füssen), Bad (Bushaltestelle), 790 m. Per Bus von Füssen erreichbar.
**Anforderungen:** Ein paar steile Passagen. Steige und Pfade sowie Zieh- und Alpwege, anfangs auf einem kaum befahrenen Ortssträßchen.
**Einkehr:** Saloberalp.

Unsere Zirmgrattour beginnt am Weißensee, genauer gesagt am Bad von **Oberkirch** ❶. Wir nehmen von der Bushaltestelle den Fußgängerweg Richtung Roßmoos hinauf zu den Häusern von **Hinteregg** ❷, 840 m. Ein schmales Sträßchen bringt uns, gleich an der ersten Kreuzung abbiegend, über die Bundesstraßenbrücke zum Weiler **Roßmoos** ❸, 870 m.

Wir halten uns auf dem am Anfang geteerten Wirtschaftsweg an Heckenreihen entlang immer in Rich-

*Hinter Zell erheben sich der Zirmgrat (im Vordergrund) und die Tannheimer Berge.*

*Ein kurzer Abstecher führt auf den Falkenstein.*

tung Falkenstein und schauen von den Viehweiden aus über die Ostallgäuer Seenplatte hinüber auf das prächtige Panorama der Ammergauer Alpen. Bald hat uns der Bergwald verschluckt. In wenigen weiten Ziehwegkehren geht es nun bergan zur Einmündung in die Falkensteinstraße. Kurz darauf folgen wir von der **Einsattelung** ❹, 1150 m, zwischen dem Falkenstein, der von hier aus leicht zu besteigen ist, und dem Einerkopf dem Europäischen Fernwanderweg E 4 Richtung Zirmengrat.

Mäßig steigend wandern wir auf einem Steig nördlich unter dem Einerkopf zu einem Aussichtspunkt im Sattel vor dem Zwölferkopf, nur wenig oberhalb des Wegverlaufs. Ein recht verschwiegenes Plätzchen, an dem wir die Tannheimer Berge bestaunen können. Der reizvolle Weiterweg zieht sich am Zwölferkopf entlang und auf der Kammhöhe hinüber zum **Zirmgrat** ❺, 1292 m.

Der nun steil bergab führende Steig wechselt kurzzeitig auf die Tiroler Seite und verläuft durch schönen Mischwald zum **Salobersattel** ❻, 1110 m. Über eine Zwischenerhebung gelangen wir zum Vierseenblick (Weißensee, Hopfensee,

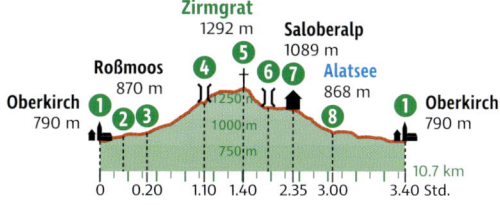

*Die Vilstalseite des Zirmgrats.*

Forggensee und Bannwaldsee) und östlich um den Salober herum zur **Saloberalp** ❼, 1089 m. Nach einer Erfrischungspause schlendern wir auf dem Alpweg hinunter zum herrlich gelegenen **Alatsee** ❽, 868 m, den man auch umrunden kann. Die meisten werden es wohl vorziehen, einfach faul am Ufer in der romantischen Wiesenmulde die mittlerweile dampfenden Füße zu kühlen.

Anschließend gehen wir auf der Straße hinauf zur Kuppe und wählen wenig später den Richtung Weißensee beschilderten Forstweg. Kurz darauf zweigt ein netter Pfad ab, der am Nordhang des Weißenseebergs entlang und am meist trockenen Weberfall vorbei hinunter zum Weißensee führt. Beachtliche Felswände, eine kleine Höhle und ein weiterer Wasserfall säumen das Finale hinein nach **Oberkirch** ❶.

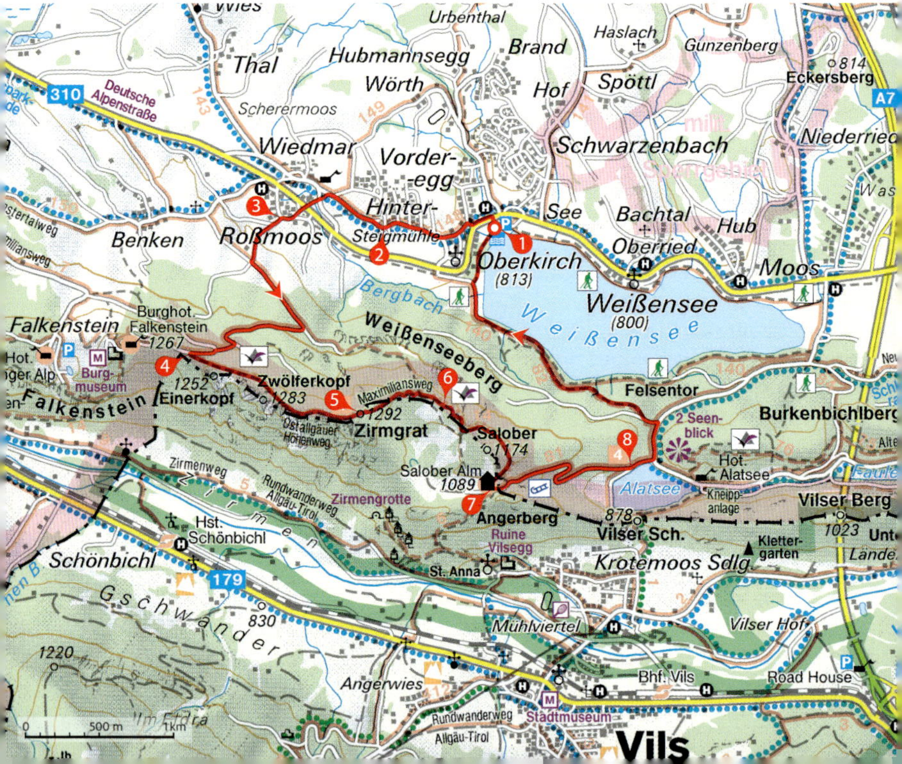

Allgäuer Alpenvorland

# Kienberg, 996 m
**Rundtour um Alpsee und Schwansee**

| 4.00 Std. | 11,7 km | ↗ 280 m | ↘ 280 m |

*Romantische Füssener Seenwanderung*
*Der Kienberg überragt die Lechstadt Füssen gerade mal um 200 Meter und empfiehlt sich als Individualistenziel für ein kurzes Zwischenhoch oder einen kleinen Bergausflug, wenn in den Ammergauer Alpen noch Schnee liegt. Zudem entpuppt sich der Aufstieg zu der unbekannten Walderhebung als recht amüsant. Auch ohne den Kienberg oder mit der leichteren Minigipfel-Variante des Kalvarienbergs gehört die Umrundung von Alpsee und Schwansee im romantischen Königswinkel zu den lohnendsten Ostallgäuer Wanderungen. Einen besonderen Blickfang gibt unterwegs auf den Spuren König Ludwigs immer wieder der spitz geformte Pilgerschrofen mit seinen 12 Aposteln ab, dem zackigen Verbindungsgrat zum Säuling.*

**Ausgangspunkt:** Hohenschwangau (Ortsteil von Schwangau), Bushaltestelle am Ortseingang, 800 m. Mit dem Bus von Füssen erreichbar.

**Anforderungen:** Wanderwege und kurzer steiler, unmarkierter Gipfelsteig, Trittsicherheit notwendig.
**Einkehr:** Unterwegs keine Möglichkeit.

Zwischen den beiden Schlössern Neuschwanstein und Hohenschwangau starten wir an der Bushaltestelle am Ortseingang von **Hohenschwangau** ❶ und spazieren hinauf zum Alpsee. Beim Museum der bayerischen Könige nehmen wir den vergnügsamen Wanderweg am waldigen Seeufer Richtung Alpseebad. Wo unser Kurs in den Fahrweg mündet, entscheiden wir uns für den am Bad vorbeiführenden Fußweg. Der Alpseerundweg leitet nun von der Südbucht über mehrere Stege am anregenden Ufer weiter zur Nordwestecke des idyllischen Berggewässers, wo zwei Schilfzonen zu umgehen sind. Das anschließende Marienmonument, ein Felssockel mit Gedenktafel, erinnert an den Besuch von Königin Marie von Bayern. Prächtige Seetiefblicke und das Spiegelbild des kecken Pilgerschrofens bereichern bald den herrlichen Rundgang. Nach dem kleinen Abstecher zum senkrecht abstürzenden Aussichtspunkt Pindarplatz queren wir Richtung Schwansee die zum Schwangauer Gitter verlaufende **Fürstenstraße** ❷, 860 m, und schlendern auf einem bequemen Wanderweg durch den erholsamen Mischwald. Von einer Kreuzung geht's auf dem breiten Weg in engen

Serpentinen hinunter zum **Schwansee** ❸, 789 m.
Kurz vor dem See den Wegweiser »Königsträßchen« beachtend schwenken wir in den Schwanseerundweg ein und schlendern am ebenfalls bewaldeten Seeufer entlang. Vom Ende des Sees blickt man hinüber zum Säuling und zum Pilgerschrofen mit dem Zackengrat der 12 Apostel. Nach den Feuchtwiesen, 789 m, halten wir uns rechts und nehmen an der Gabelung gleich darauf den an den Unteren Schwanseeplatten, einem beliebten Klettergarten, gemächlich bergan steigenden Waldweg Richtung Kalvarienberg. Wo man durchs Geäst die Oberen Schwanseeplatten erspähen kann, zweigt zum Kalvarienberg ein Steig ab, der sich kurz darauf teilt. Wir wählen rechts den anfangs undeutlichen, steilen und nicht bezeichneten Steig, der in reizvoller Manier zwischen alten Kiefern den trockenen Bergrücken überwindet. Der Verkehrslärm von Füssen dringt allmählich zu uns herauf. Kurz vor dem **Kienberg** ❹, 996 m, einem winzigen Gipfel, bietet sich ein schöner Stadt-Tiefblick dar, zudem zeigen sich von hier die Vilser Berge. Vom zugewachsenen Gipfel selbst ist nur das Säulingmassiv zu sehen.

Zurück am Schwansee kommen wir zur Franz-Wölfle-Hütte, einem Wasserwachtshäuschen. Dort folgen wir mit Blick zum Schloss Neuschwanstein dem Rundweg. Im Frühsommer blühen auf den noch weitgehend unverfälschten Feuchtwiesen mit den schönen, artenreichen Waldflecken viele Enziane. Im Verlandungsgebiet orientieren wir uns beim Brücklein über den östlichen Einlauf am Wegweiser Richtung Ticket-Center und spazieren zurück zur Bushaltestelle in **Hohenschwangau** ❶.

*Über dem Alpsee ragen Älpeleskopf und Pilgerschrofen (rechts) auf.*

Ammergauer Alpen

## 46 Säuling, 2048 m
**Rundtour um den Pilgerschrofen**

**TOP** | 6.45 Std. | 13,5 km | ↗ 1300 m | ↘ 1300 m |

### Der Bulle über dem Märchenschloss
*Über 1200 Meter wächst er unvermittelt aus der Bilderbuchlandschaft des Ostallgäuer Alpenvorlandes empor, der Parade-Aussichtsberg Säuling im Westzipfel der Ammergauer Alpen. Schon von Weitem ist dieser trotzige Riese aus Wettersteinkalk von allen anderen Felsgestalten im Nu zu unterscheiden. Der Blick macht bereits deutlich: Geschenkt bekommt man das angesichts der heranstürmenden Halbschuhtouristen hohnlachende Felsenriff über dem Schloss Neuschwanstein ganz bestimmt nicht. Der Säuling mit seiner ungemein steilen Nordflanke, in der sich neuerdings Steinböcke angesiedelt haben, ist wirklich ein harter Brocken! Nach dem anregenden Abstieg über die abschüssige Südflanke zum bewirtschafteten Säulinghaus kann man um den Pilgerschrofen herum die vorgeschlagene Rundwanderung anhängen. An heißen Sommertagen eine echte Pilgerreise: Om mani padme hum.*

**Ausgangspunkt:** Hohenschwangau (Ortsteil von Schwangau), Bushaltestelle am Ortseingang, 800 m. Mit dem Bus von Füssen erreichbar.
**Anforderungen:** Lange steile Abschnitte. Teils beschwerliche Steige, anfangs Wander- und Forstwege. Mit Drahtseilen gesicherte, ausgesetzte Passagen (eine Eisenleiter) und leichte Kletterstellen erfordern Trittsicherheit. Aufstieg sowie Abstieg steinschlaggefährdet. Nicht bei unsicherem Wetter, Nässe oder Schneelage!
**Einkehr:** Säulinghaus (Übernachtung).

Zwischen den beiden Schlössern Neuschwanstein und Hohenschwangau starten wir an der Bushaltestelle am Ortseingang von **Hohenschwangau** ❶ und spazieren bergan Richtung Alpsee. Am Hotel Alpenstuben nehmen wir den in Richtung Bleckenau führenden, schattigen Fußweg zum Aussichtspunkt Jugend, wobei eine Straße gequert wird. Am Bushäuschen, wo der Aufstieg in die Bleckenaustraße mündet, ein kurzes Luftholen, dann lassen wir den internationalen Sightseeing-Rummel hinter uns und folgen weiter durch angenehm schweigenden Bergmischwald dem Wasserleitungsweg Richtung Säuling. An einer Forstwegteilung achten wir auf den gewohnten Wegweiser.

Bald darauf gruppieren sich Forggensee und Bannwaldsee zusammen mit dem Schloss Neuschwanstein zu einem prachtvollen Ostallgäubild. Dann erblicken wir das imponierend himmelstrebende Massiv unseres heutigen Tourenziels. Von der Lichtung des Älpeles mit einer kleinen Anpflanzung deutet ein Markierungspflock auf die Abzweigung des Steiges zum Säuling. In kraftsparenden Serpentinen geht's hinauf zur **Wildsulzhütte** ❷, 1410 m, einem ehemaligen Grenzwachthäuschen im Pilgerkar, wo unser geplanter Rückweg einmündet.

Die teilweise hohe Stufen aufweisende Route überwindet nun einen Steilhang. Rechter Hand zeigt sich der kecke Pilgerschrofen. Ein an-

Ammergauer Alpen

schließendes Flachstück ermöglicht nochmals herrliche Tiefblicke auf die Füssener Seen. Ab einer Gabelung mühen wir uns in steilem Zickzack bergan durch die Krummholzzone. Ein Felsgürtel wird dabei mittels einer kleinen Eisenleiter überlistet. Im weiteren Verlauf arbeiten wir uns in anstrengender Manier längere Zeit über eine teils latschenbewachsene Schrofenflanke empor. Die zentralen Ammergauer Alpen rücken dabei mehr und mehr wirksam ins Blickfeld. Rasch gewinnen wir an Höhe. An ausgesetzten Stellen findet man Drahtseilsicherungen vor. Erst im oberen Bereich ist auf dieser reizvollen Route ab und an eine einfache Kletterei über gut gestuften Fels erforderlich. Meist werden die Hände jedoch lediglich sicherheitshalber zum Abstützen gebraucht. Auf dem Sattel der Gamswiese schaut man weit hinunter auf das Reutener Talbecken und genießt bereits prächtige Ausblicke in die Zackenwelt der Lechtaler und Tannheimer Berge. Der Gipfelaufbau streckt einen mächtigen, hell leuchtenden Kalkbauch ins Lechtal hinaus. Am

*Säuling von der Gamswiese.*

kleinen Felsunterstand setzt nun der Schlussaufstieg an. Anfangs auf einem Schuttpfad über den gemächlichen Grashang, zuletzt wieder auf einem steileren Schrofensteig erreichen wir schließlich das nahe Gipfelkreuz auf dem **Säuling** ❸, 2048 m.

Zurück am Sattel überschreiten wir die Tiroler Grenze und wählen den bezeichneten, ähnlich dem Aufstieg überaus steilen und felsigen Steig zum Säulinghaus. Die gut verankerten Drahtseile erweisen sich zum Hinunterhangeln über die vielen hohen Stufen ganz brauchbar. Im unteren Bereich der zunehmend schrofigeren Grasflanke finden einzelne Fichten notdürftig Halt. Man sollte dem viel begangenen und abschüssigen Routenverlauf stets volle Aufmerksamkeit widmen, um keinen Steinschlag auszulösen. Unter übermächtigen Felsfluchten lädt das **Säulinghaus** ❹, 1693 m, ein Naturfreundehaus, zur längst ersehnten Einkehr.

Wir setzen unseren Rundkurs Richtung Hohenschwangau fort und wandern am Fuß des Pilgerschrofens sanft bergab über Schutthalden. Der Steig ist nicht besonders angenehm zu gehen, erfreut dafür aber stets mit schönen Ausblicken. Nach der Querung einer lang gezogenen Windwurfzone geht es wieder zurück über die Grenze. Kurz darauf springt aus den gewaltigen, teils überhängenden Riegeln der Pilgerschrofen-Nordwand ein scharf geschnittenes Felsengesicht hervor, ein Stein gewordenes Murmeltier? Nur noch ein harmloser Gegenanstieg über einen kleinen Bergsturz, dann steigen wir von einem Grätchen durch den Wald hinunter zur **Wildsulzhütte** ❷ und gehen auf der schon bekannten Route nach **Hohenschwangau** ❶ zurück.

Ammergauer Alpen

# Ahornspitze, 1784 m
**Rundtour über den Branderfleck**

**47**

7.00 Std. | 18,5 km | ↗ 1160 m | ↘ 1160 m

### Paradetour zwischen Rummelplätzen
*Die Tiefblicke vom Aufstieg über den Westrücken des Tegelbergs auf Füssen, die stets von Sightseeing-Lackschuhtouristen hartnäckig belagerten Schlösser und die insgesamt sechs Seen gestalten den Maximiliansweg zu einem der schönsten und spannendsten Aufstiege in den gesamten Allgäuer Bergen. In schwindelnder Tiefe tobt die wilde Pöllat. – Ganz umsonst ist das Schwelgen in diesen einzigartigen Landschaftsbildern aber nicht zu haben. Die anfangs verdächtig flachen Wegschleifen verschmälern sich nach oben hin zu einem teils abschüssigen und zunehmend anstrengenderen Schrofensteig. Der Weiterweg zum Branderfleck unter der Ahornspitze und der Abstieg ins Pöllattal gestalten sich dann deutlich harmloser.*

**Ausgangspunkt:** Hohenschwangau (Ortsteil von Schwangau), Bushaltestelle am Ortseingang, 800 m. Mit dem Bus von Füssen erreichbar.
**Anforderungen:** Langer Steilaufstieg. Steige sowie Wander- und teils asphaltierte Forstwege. Etwas Trittsicherheit erforderlich, drahtseilgesicherte Passage. Vorsicht bei Nässe!
**Einkehr:** Tegelberghaus (Übernachtung).

*Auf der begeisternden Tegelbergroute zur Ahornspitze.*

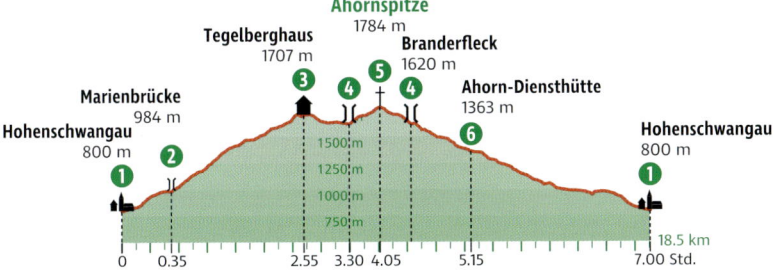

159

Ammergauer Alpen

Zwischen den beiden Schlössern Neuschwanstein und Hohenschwangau starten wir an der Bushaltestelle am Ortseingang von **Hohenschwangau** ❶ und spazieren bergan Richtung Alpsee. Am Ortsende nehmen wir die zum Schloss Neuschwanstein führende Straße und zweigen gleich wieder auf den mit »Aussichtspunkt Jugend« beschilderten Fußweg ab. Am Bushäuschen, wo der Aufstieg in die Bleckenaustraße mündet, geht es kurz hinauf zur **Marienbrücke** ❷, 984 m.

Anschließend windet sich ein anfangs breit ausgetretener und teils mit Holzstufen angelegter Steig in bequemen Serpentinen über die licht bewaldete, steile Bergflanke empor. Von den fesselnden Tiefblicken auf die höchst malerische Seenlandschaft bekommt man kaum genug. Zudem gibt das Gezweig den Blick auf den verträumt gelegenen Alpsee und die Kalkzinnen der Tannheimer Berge frei. Im oberen Bereich überwinden wir in engeren und anstrengenderen Kehren das schrofige und mitunter abschüssige Steilgelände. Nach einer drahtseilgesicherten Passage an Holz-Lawinenverbauungen vorbei folgt eine längere flache Etappe an einem nordgerichteten Fichtenhang entlang. Unter der Tegelbergbahn hindurch und über Latschenhänge steigen wir wieder allmählich bergan. Unterhalb unserer Route ragen ein paar kecke Felstürme auf. Von einer Bergschulter geht es über eine Holztreppe hinauf zum kleinen **Tegelberghaus** ❸, 1707 m, dem ehemaligen königlichen Jagdhaus. Nebenan steht die Bergstation der Tegelbergbahn.

Das Wegtäfelchen des Europäischen Fernwanderwegs E 4 weist uns nun auf einen zu Beginn breiten Naturlehrpfad. Dieser ehemals königliche Reitweg leitet am licht bewaldeten Steilhang unter dem Branderschro-

*Aussicht vom ehemals königlichen Reitweg in die zentralen Ammergauer Alpen.*

fen leicht bergab. Neben den südlichen Ammergauer Bergen zeigen sich auch ein paar Gipfel der Lechtaler Alpen. Direkt vor uns erhebt sich der stattliche Hohe Straußberg. Die bald in einen Steig übergehende Route bringt uns entlang schrofendurchsetzter Hänge zu einem kleinen Absatz. Jetzt verstecken sich auch die Ahornspitze und über dem Lobental das prächtige Felsenhorn des Geiselsteins nicht länger. Daneben reihen sich die Gumpenkarspitze, der Gabelschrofen und die Krähe an und ganz links der Klammspitzkamm. Deutlich fällt das Gelände anschließend zum Sattel **Branderfleck** ❹, 1620 m, ab.

Dort verlassen wir den E 4 und den Lehrpfad. Richtung Ahornsattel folgt ein kurzer Aufstieg zum Westrücken der Ahornspitze. Wenig später folgen wir aus einer Wanne dem unbeschildert abzweigenden Gipfelsteig, auf dem wir zwischen Latschen und über schrofiges Gelände das Kreuz der **Ahornspitze** ❺, 1784 m, erreichen.

Zurück am **Branderfleck** ❹ beachten wir den Wegweiser »Bleckenau« und wandern in Kehren auf dem alten Reitweg (Fortsetzung des Lehrpfads) durch lichten Fichtenwald und über einen Bachgraben hinunter zur **Ahorn-Diensthütte** ❻, 1363 m. Dort beginnt ein Forstweg, der unterm Benaköpfl talwärts führt und in die Bleckenaustraße mündet. Auf dieser schließt sich mit einem Abschlussbummel, das Seitental mit dem Deutenhauser Bach querend und an der Pöllat entlangwandernd, am Bushäuschen beim Aussichtspunkt Jugend nach einem kleinen Gegenanstieg unsere Rundtour. Auf der schon bekannten Route geht es wieder hinunter nach **Hohenschwangau** ❶.

Ammergauer Alpen

## 48 Krähe, 2010 m
### Über den Geiselsteinsattel

11.00 Std. | 31,7 km | ↗ 1510 m | ↘ 1510 m

### Im Herzen der Ammergauer Berge
*Auf unserem erlebnisreichen, wenn auch etwas ausgedehnten Weg mit seiner allmählichen landschaftlichen Steigerung über den Geiselsteinsattel zur Krähe kommen wir durch das wilde Gumpenkar. Dieser weltabgeschiedene Winkel im Innersten der Ammergauer Alpen übt eine unwiderstehliche Ausstrahlung auf den Besucher aus. Die prachtvollsten Erhebungen des gesamten Gebirges scharen sich um diesen faszinierenden Hochkessel über den Quellen der Pöllat. Der Aufstieg zur Krähe ist der leichteste in der alpinen Runde des Gumpenkars. Wanderer, die mit dem Kenzenbus oder dem Drahtesel zum Wankerfleck anreisen, sind zeitlich ganz klar im Vorteil und können die eine oder andere Tourenerweiterung in Erwägung ziehen.*

*Lobentalbach und Geiselstein.*

**Ausgangspunkt:** Halblech, Bushaltestelle in der Ortsmitte, 820 m. Mit dem Bus von Füssen erreichbar.
**Anforderungen:** Ausgedehnte Tour! Längere steile Anstiege. Steige und teils asphaltierte Forstwege. Trittsicherheit erforderlich. Nicht bei unsicherem Wetter!
**Einkehr:** Unterwegs keine Möglichkeit.
**Hinweis:** Die Wankerfleck-Kapelle ist auch mit dem Kenzenbus erreichbar, Abfahrt ab Kenzenparkplatz bei der Halblechbrücke in Halblech, erste Abfahrt 8.00 Uhr (am Wochenende 7.00 Uhr), Anfang Mai bis Ende Oktober, www.halblech.de/kenzenhuette.html.

Beim Gasthof Adler in **Halblech** ❶, nahe der Bushaltestelle Ortsmitte, weist uns die Beschilderung »Kenzenhütte« auf die Straße über die Halblechbrücke. Dort zeigt uns der Wanderwegweiser ebenfalls den Kurs zum gefragten Bergsteigerstützpunkt unter der Hochplatte. Am gebändigten Wasserlauf entlang spazieren wir auf dem kaum spürbar ansteigenden, für den privaten Verkehr gesperrten Asphaltsträßchen durch Mischwald das Halblechtal ein-

*Am anziehenden Bockstallsee westlich der Wankerfleck-Kapelle.*

wärts. An der Reiselsbergbrücke (Unterstand), wo der Reiselsbergbach in den Halblech mündet, wählen wir die Lobentalroute zur Kenzenhütte. Ein Forstweg schleicht hinein ins stille Tal. Beim unteren Stausee präsentiert sich zum ersten Mal der Grubenkopf, ihm zur Rechten der Firstberg. Am Lobentalbach hinauf zum oberen Staugewässer steigt der Weg deutlicher an. Von der Staumauer geht es am Ostufer entlang zur Wegverzweigung kurz vor dem Lettenfleck-Hüttchen. Dort verbinden sich Lobentalbach und Bockstallbach. Der linken Mountainbike-Strecke folgend, mündet unser Forstweg in das Zufahrtssträßchen zur Kenzenhütte. Der spitze Geiselstein und das Bollwerk der Hochplatte beleben das malerische Bild mit dem Weidegebiet des Wankerflecks. Noch vor der Brücke bei der **Wankerfleck-Kapelle** ❷, 1148 m, folgen wir dem

Alpweg sanft bergab zur Querung des eben geborenen Bockstallbachs. Der Neuweidbach und der Gumpenbach sind seine Quellbäche. An der anschließenden Wegteilung vor einem unbenannten Bergsockel wenden wir uns nach links. Vom Ende des Weges nimmt uns ein Steig auf und leitet unter der Nordwand des Geiselsteins in zunehmend steileren und wurzeligen, mitunter auch feuchten Waldkehren bergan, wobei ein paar kleinere Rinnsale zu queren sind. Wo unsere Route nach einem Erholungsabschnitt, unterbrochen von kurzen abschüssigen Passagen, auf den Steig vom Niederen Straußbergsattel stößt, geht's über den von Latschen bedeckten Nordwestrücken hinauf zum **Geiselsteinsattel** ❸, 1729 m, zwischen Geiselstein und Gumpenkarspitze.

Der Steig zum Gabelschrofensattel leitet uns nach einem kurzen Geröllabstieg ins am Anfang noch begrünte **Gumpenkar** ❹, 1620 m, flach um die Gumpenkarspitze herum, im Rücken die leuchtende Geiselstein-Südwand. Vor uns bauen sich die düsteren Nordabstürze der Krähe auf, im Osten dominiert die breitgelagerte Hochplatte. Unter dem Gabelschrofen zieht der Steig durch das von Felstrümmern übersäte Schuttkar wieder spürbar an.

Im **Gabelschrofensattel** ❺, 1915 m, zweigen wir auf die Route Richtung Hochplatte ab und steigen auf einem ebenfalls schuttigen Steig an der Krähenhöhle vorbei und durch eine Felsrinne empor zu einer Einschartung zwischen den beiden Krähegipfeln. Östlich über das teils etwas schrofige Grasdach ansteigend erreicht man in Kürze den Hauptgipfel der **Krähe** ❻, 2010 m.

Der Abstieg erfolgt auf dem Anstiegsweg.

Ammergauer Alpen

# Hochplatte, 2079 m
## Über Kenzenhütte und Gamsangerl

**49**

| 2 Tage | 32,9 km | ↗ 1350 m | ↘ 1350 m |

### Die Felsenfestung am Ostrand des Allgäus
*Als möchte sie die gesamte Kenzen zum Ammerwald hin abriegeln, so breit und wuchtig zeigt sich die Hochplatte vom Ostallgäu aus. Wir wollen uns den leichtesten, wenn auch nicht ganz einfachen Aufstieg vornehmen: die durch eine eigenartige Karstwüste führende Ostroute über das luftige Gamsangerl. Wem diese Tour zu lang ist, der schwingt sich sportlich in den Radsattel oder lässt sich faul im Kenzenbus bis zu der gleichnamigen Hütte chauffieren. Von der Hochplatte aus erfährt man einen informativen Rundblick über die gesamte Gipfelwelt der Ammergauer Alpen. Und in der Ferne wetteifern das Karwendel, das Wettersteingebirge und die Mieminger Kette, die Stubaier und Ötztaler Alpen und die Allgäuer Berge um die Gunst des beeindruckten Betrachters.*

**Ausgangspunkt:** Halblech, Bushaltestelle in der Ortsmitte, 820 m. Mit dem Bus von Füssen erreichbar.
**Anforderungen:** Aufstiege kurzzeitig steil. Mitunter schlecht markierte Steige und teils asphaltierte Forstwege. Ausgesetzte, abschnittsweise drahtseilgesicherte Passagen verlangen Trittsicherheit. Nicht bei unsicherem Wetter oder Schneelage, bei Nebel Orientierungsprobleme (Karstspalten)! Als Zweitagestour mit Übernachtung in der Kenzenhütte empfehlenswert.
**Einkehr:** Kenzenhütte (Übernachtungsmöglichkeit).
**Hinweis:** Die Kenzenhütte ist auch mit dem Kenzenbus erreichbar, Abfahrt ab Kenzenparkplatz bei der Halblechbrücke in Halblech, erste Abfahrt 8.00 Uhr (am Wochenende 7.00 Uhr), Anfang Mai bis Ende Oktober, www.halblech.de/kenzenhuette.html.

*Fels-Irrgarten auf dem Weg zur Kenzenhütte.*

## 1. Tag

Beim Gasthof Adler in **Halblech** ❶ weist das Schild »Kenzenhütte« über die Halblechbrücke und dort auf das Anliegersträßchen ins Halblechtal. Wie bei Tour 48 wählen wir an der Reiselsbergbrücke den Lobental-Forstweg zum unteren Stausee und ab der Staumauer des oberen Sees die Ostuferroute. Kurz vor dem Lettenfleck-Hüttchen folgen wir der linken Mountainbike-Strecke und dann dem bekannten Anliegersträßchen zur **Wankerfleck-Kapelle** ❷, 1148 m. Nun geht es wieder auf einem Forstweg mit einer Wanderwegabkürzung am Bergwachthüttchen und der Jagdhütte vorbei, empor zur beliebten und urgemütlichen **Kenzenhütte** ❸, 1294 m.

Ammergauer Alpen

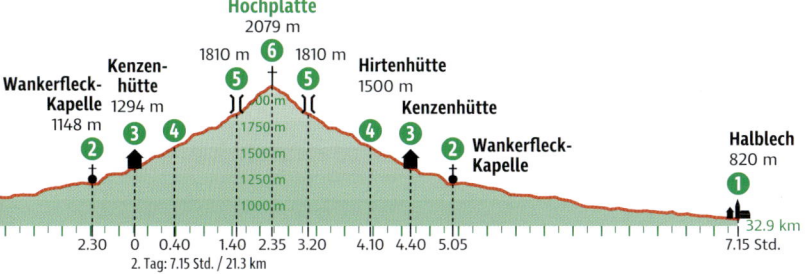

## 2. Tag

An der Hütte wenden wir uns dem mit »Hochplatte« bezeichneten Ziehweg zu und zweigen wenig später auf den ebenfalls Richtung Hochplatte ausgeschilderten Steig ab. Dieser ist anfangs identisch mit der Route zum Geiselstein und mündet ein Stück oberhalb wieder in den Ziehweg ein. Unterwegs lenken die witzigen Kenzennadeln unter dem wuchtigen Massiv der Hochplatte die Aufmerksamkeit auf sich. Vom Wegende beim Zaundurchgang wechselt unsere Route in einen Steig. Am Vorderen Scheinberg begeistert eine kleine Felsformation. Über Almböden mit einzelnen Fichten wandern wir gemütlich an der **Hirtenhütte** ❹, 1500 m, vorbei, auch Vordere Scheinberghütte genannt, hinauf zur Routenteilung unter einer kleinen, von Latschen bestandenen Schutthalde vor einem markanten Felskopf. Dort halten wir uns rechts und finden an der folgenden Gabelung wieder den Wegweiser zur Hochplatte vor. Am Rande einer Hochmulde geht's sanft bergan zu einer Einsattelung. Wir wenden uns abermals nach rechts, queren unter dem Schlössel einen mit einer abschüssigen Felspassage gewürzten Schrofenhang und halten uns an einer Bachrinne entlang. Hinter der Kreuzspitze und den Geierköpfen ragt die Zugspitze auf. An der Wegverzweigung unterm Weitalpjoch leitet die Route um einen Felskopf herum und über teils latschenbedecktes und mit Alpenrosen geschmücktes Karstgelände zu einem **Sattel** ❺, 1810 m.

*Hinter der Kenzenhütte: die zweite Etappe Richtung Hochplatte.*

*Während des Aufstiegs zur Hochplatte fasziniert der Kenzenkopf-Ostgrat.*

Das Schild »Hochplatte – Nur für Geübte« sollte man vor allem bei zweifelhaften Wetterverhältnissen oder Schneelage keinesfalls auf die leichte Schulter nehmen. Auf dem sehr spärlich markierten Steig, der sich über die abenteuerlichen Karrenfelder steil empor zum Ostgrat schwingt, ist besondere Aufmerksamkeit wegen der zahllosen Spalten und scharfen Schratten geboten. Man muss einfach ein wenig seinen Spürsinn walten lassen, um die richtige Route nicht zu verlieren. Ein schmales, am Anfang drahtseilgesichertes und luftiges Gratstück (Gamsangerl) mit herrlichem Forggenseeblick verlangt Trittsicherheit. Auf dem anschließend breiteren Grat erreichen wir, zuletzt etwas unterhalb des Scheitels gehend, problemlos das Kreuz auf dem Ostgipfel der lang gezogenen **Hochplatte** ❻, 2079 m.

Der Abstieg erfolgt auf dem Anstiegsweg.

Ammergauer Alpen

# Grubenkopf, 1847 m
### Über Kenzenhütte und Bäckenalmsattel

**50**

| 8.45 Std. | 29,4 km | ↗ 1100 m | ↘ 1100 m |

### Stilles Gipfelziel in den nördlichen Ammergauern

*Obwohl der Europäische Fernwanderweg E 4 alpin nicht allzu weit am Grubenkopf vorbeiführt, ist dieser vom Alpenvorland aus bullig erscheinende Gipfel zwischen Buchinger Baumgarten und Bäckenalmsattel eine Oase der Stille geblieben. Dabei ist diese zweite Erhebung des Klammspitzkamms nur geringfügig niedriger als beispielsweise der weithin berühmte Geiselstein oder die Große Klammspitze und begeistert zudem mit einem traumhaften Rundblick. Möchte man am Rückweg nicht unbedingt nochmal Einkehr in der Kenzenhütte halten, empfiehlt sich auch der direkte Abstieg, vielleicht noch mit Besuch des leichten Doppelgipfels Firstberg, über den Buchinger Roßstall zur Kenzenstraße. Mit dem Kenzenbus oder dem Mountainbike lässt sich der Zeitaufwand deutlich verringern.*

**Ausgangspunkt:** Halblech, Bushaltestelle in der Ortsmitte, 820 m. Mit dem Bus von Füssen erreichbar.
**Anforderungen:** Kurzer, teilweise abschüssiger Steilaufstieg. Steige und teils asphaltierte Forstwege.
**Einkehr:** Kenzenhütte (Übernachtung).

**Hinweis:** Die Kenzenhütte ist auch mit dem Kenzenbus erreichbar, Abfahrt ab Kenzenparkplatz bei der Halblechbrücke in Halblech, erste Abfahrt 8.00 Uhr (am Wochenende 7.00 Uhr), Anfang Mai bis Ende Oktober, www.halblech.de/kenzenhuette.html.

*Am unteren Lobental-Stausee.*

Beim Gasthof Adler in **Halblech** ❶ weist das Schild »Kenzenhütte« über die Halblechbrücke und dort ins Halblechtal. Wie bei Tour 48 wählen wir an der Reiselsbergbrücke den Lobental-Forstweg zum unteren Stausee und ab der Staumauer des oberen Sees die Ostuferroute. Kurz vor dem Lettenfleck-Hüttchen folgen wir der linken Mountainbike-Strecke zur **Wankerfleck-Kapelle** ❷, 1148 m, und dann wie bei Tour 49 der Route zur **Kenzenhütte** ❸, 1294 m.

Hier geht's weiter auf dem Steig in Richtung Klammspitze, bergan durch einen Waldstreifen. Durch die grasige Mulde unter der Kesselwand gelangen wir zum **Bäckenalmsattel** ❹, 1536 m. Der kräftig aufsteilende Hang zwischen Fichtengruppen mit

Ammergauer Alpen

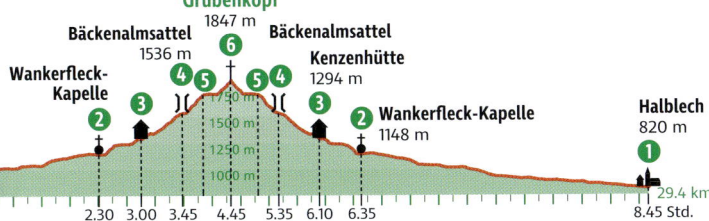

abschüssigen Passagen zu den grünen, plateau-artigen Böden bei der **Hirschwanghütte** ❺, 1713 m, heizt ordentlich ein. Für ein Weilchen muss man hier einfach den Geiselsteinblick genießen.

Über eine Linksschleife verlassen wir anschließend die Weitwanderroute, kreuzen den Neuweidgraben und wandern hinein in den Sattel zwischen dem Grubenkopf und dem Feigenkopf. Auf dem Gipfelgrat nähern wir uns gemütlich dem **Grubenkopf** ❻, 1847 m. Nördlich öffnet sich der märchenhafte Kessel des Buchinger Baumgartens.

Der Abstieg erfolgt auf dem Anstiegsweg.

*Landschaftlicher Höhepunkt der Ammergauer Berge: Wankerfleck mit Blickfang Geiselstein.*

# Stichwortverzeichnis

**A**
Aggenstein 9, 129
Ahornach 19
Ahornspitze 159
Alatsee 150
Alp Blösse 122
Alpengasthaus Hoch-Häderich 33
Alpe Schneidberg 22
Alp Mitterhaus 115
Alp Oberau 73, 85
Alp Rabennest 26
Alpsee 153
Alpspitze 124
Aubachtal 40
Auenhütte 51

**B**
Bacherloch 79
Bäckenalmsattel 169, 170
Bad Hindelang 118
Bad Kissinger Hütte 129
Balderschwang 38
Balkenscharte 92
Bayerstetten 125
Berg 132
Berggasthaus Café Horn 115
Berggasthaus Moser 61
Berggasthaus Zum Oberen Horn 115
Berggaststätte Giebelhaus 92
Berggaststätte Hochgratbahn 35
Bergrast Wildries 43
Bernhards Gemstelalp 55
Besler 46
Birgsau 68, 73, 79
Birkental 145
Blösse 122
Bockkarkopf 8, 72
Bockkarscharte 72, 82
Bödmen 55, 58, 61
Bolgenachtal 32
Branderfleck 159
Breitachklamm 48
Breitenberg 111
Bruck 111
Brunnenauscharte 36
Bschießer 126
Bühl am Alpsee 24
Burgberg 30
Buronhütte 122

**E**
Einödsbach 68, 72, 79
Einstein 132
Eistobel 20
Engetal 129
Enzianhütte 68, 73
Enziansteig 148

**F**
Faistenoy 65, 68, 79
Fellhorn 65
Fellhornbahn 65
Feuerstätterkopf 43
Fluchtalp 61

**G**
Gabelschrofensattel 164
Gaisalp 105
Gaisalpsee 9, 106
Gaisalptobel 105
Gamsangerl 165
Geiselsteinsattel 162
Geißhorn 58
Gemsbollenkopf 111
Gemstelpass 57
Gemsteltal 55, 58
Gimpelhaus 137, 140
Girenkopf 38
Gmeiners Burstalpe 44
Gottesackerplateau 54
Grän 129
Grathöflealp 29
Großer Daumen 108
Großer Krottenkopf 84
Große Schlicke 134
Große Steinscharte 71, 78

Grubenkopf 169
Grünten 8, 30
Grüntenhaus 30
Grüntensee-Camping 122
Gündlesscharte 37
Gunzesried 27
Gunzesried-Säge 40

**H**
Halblech 162, 165, 169
Haus der Konstanzer Jäger 98
Heidenkopf 38
Heilbronner Weg 8, 72
Heubatspitze 111
Himmelecksattel 90
Hintere Aualp 41
Hintere Gemstelalp 55, 58
Hinteregg 150
Hinteren Wildenalp 61
Hinterreute 123
Hinterstein 92, 98, 102
Hirschbachtobel 118
Hirschberg 18
Hirschbergalpe 18
Hirschbergsau 18
Hirschgund-Alpe 42
Hirschwanghütte 171
Hirtenhütte 167
Hochbergalp 24, 26
Hochgrat 8, 35
Hochgratbahn 35
Hochplatte 165
Hochvogel 92
Höfatsblick 108
Höflishütte 147
Hohenegg 21
Hohenschwangau 153, 156, 159
Hoher Häderich 32
Hoher Ifen 51
Hohes Licht 68
Hornalp 115
Hotel »elements« am Christlessee 73, 84

www.rosenhof.com

„Da bin ich gern."

# Wunderwandern
**für die ganze Familie.**

Sommerfreuden, Herbstgenuss, Schneeabenteuer, Frühlingserwachen, das perfekte Ferienzuhause für 3 Generationen zu jeder Jahreszeit: Großzügiges Urlaubswohnen, authentische Ferienkulinarik, individuelle Spa-Angebote, kreative und naturnahe Kinderbetreuung und vor allem herzliche, persönliche Gastfreundschaft schaffen den Raum für entspannte Ferientage.

**Wann dürfen wir Euch zu einem genussvollen Urlaub bei uns begrüßen?**

Eure Gastgeber Suzanne Hugger, Patricia Wachter & alle Rosenhöfler

**Der Kleinwalsertaler Rosenhof, Premium Familienhotel & Resort**
An der Halde 15, A-6993 Mittelberg, Telefon +43 5517-5194, info@rosenhof.com, www.rosenhof.com

---

**I**
Ifenhütte 51
Ifersguntalpe 53
Imberger Horn 115
Immenstadt 24
Immenstädter Horn 24
Innere Wiesalp 61
**J**
Judenscharte 139
**K**
Kaltwinkelscharte 92
Kanzel 24
Käseralp 88
Kellespitze 9, 140
Kemptner Hütte 72, 86
Kemptner Kopf 61
Kenzenhütte 165, 169
Kesselalp 26
Kienberg 153
Kirchdachsattel 101
Kleiner Hirschberg 118
Kleine Steinscharte 72
Knappenkopf 98
Koblat 108
Koblatsee 109
Krähe 162
Kreuzspitze 92
Krinnenspitze 148
Krottenkopfscharte 87
Kugelhorn 98
**L**
Lachenspitze 142
Landsberger Hütte 142
Leilachspitze 9, 145
Lochbachalp 47
Lochbachtal 46
Lochwiesen 46, 47
Lumberg 129
**M**
Mädelegabel 79
Marienbrücke 160
Melköde 53
Michelesalp 22
Mittlere Simatsgundalp 35
Mittlere Stuibenalp 127
Musau 134
Musauer Alp 134
**N**
Nebelhornbahn 109
Nesselwang 124
Nesselwängle 137, 140
**O**
Obere Balderschwanger Alp 38
Obere Bierenwangalp 65
Obere Gemstelalp 55, 58
Obere Gundalp 46
Obere Traualp 142
Oberkirch 150
Oberstdorf 48, 72, 84, 88, 108

Östliches Mädelejoch 86
Otto-Mayr-Hütte 134
Oytal 88
Oytalhaus 88

**P**
Petersalp 68, 73
Pilgerschrofen 156
Pointhütte 93
Ponten 126
Prinz-Luitpold-Haus 92, 97

**R**
Raintal 134
Rappenseehütte 68, 72
Rauhhorn 102
Rauth 145, 148
Reichenbach 105
Renksteg 72, 84
Reute 33, 48
Reuter Wanne 122
Rieder 24
Riedholz 20
Riedholzer Kugel 20
Rindalp 35
Rindalphorn 8, 35
Rindberg 43
Roßmoos 150
Rote Flüh 137
Rotspitze 111
Rubihorn 9, 105

**S**
Salmaser Höhe 22
Saloberalp 150
Salobersattel 151
Säuling 9, 156
Säulinghaus 156
Schattwald 126
Scheffau 18
Schlappoltalp 65
Schlappoltkopf 65
Schneck 88
Schrecksee 100
Schwabenalp 46
Schwandalp 23
Schwansee 153
Schwarzwasserhütte 51
Siplingerkopf 8, 40
Socktalscharte 76
Sperrbachtobel 75, 84
Spielmannsau 72, 84, 85
Sportheim Böck 124
Steineberg 27, 121
Steinkarscharte 144
Steinkarspitze 142
Steinschartenkopf 8, 72
Sterzerhütte 60
Straußbergsattel 117
Streichbrunnenalp 33

**T**
Tannheim 132, 142
Tannheimer Hütte 140
Tegelberghaus 159

# Rother Touren App
## Holen Sie sich unsere Wanderführer als App!

So funktioniert es:

→ Kostenlose Rother App vom App Store bzw. Google Play Store laden
→ Bis zu fünf vollwertige Beispieltouren aus jedem verfügbaren Guide unbegrenzt testen
→ Bequem direkt aus der Rother App oder über e-shop.rother.de (hier nur für Android) den gewünschten Guide komplett erwerben*

* je nach Guide 5,49-13,99 €

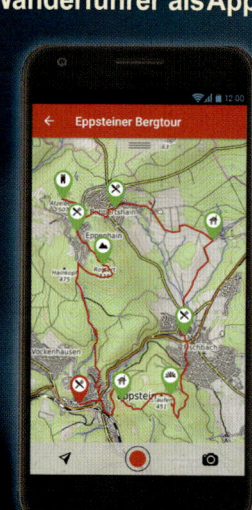

www.rother.de/app

# Impressum

**Umschlagbild:** Über dem sonnenverwöhnten Ufer des Gaisalpsees baut sich das massive Rubihorn auf.

**Bild im Innentitel:** Rote Flüh (Mitte), Judenscharte und Gimpel-Westgrat.

Alle Fotos vom Autor, ausgenommen die Fotos der Seiten 8 (rechts unten), 70/71, 76, 77, 81, 82/83 und 97 (Christian Laukel).

**Der Autor:** Herbert Mayr, geboren 1953, studierte Vermessungswesen und arbeitet heute als freier Buchautor im Ostallgäu. Zu seinen Hauptaktivitäten zählen Bergsteigen und Wandern, Radfahren und Schneeschuhgehen. Von ihm sind über 50 Wander- und Radtitel erschienen, beim Bergverlag Rother unter anderem die Wanderführer »Allgäu 4«, »Bodensee Nord«, »Bodensee Süd«, »Bodensee bis Rätikon«, »Brandnertal«, »Montafon«, »Arlberg-Paznaun« und »Bregenzerwald«, die Wanderbücher »Alp- und Hüttenwanderungen Allgäuer Alpen«, »Winterwandern Allgäuer Alpen« und »Vorarlberg«.

**Kartografie:** 47 Wanderkärtchen im Maßstab 1:50.000 und 1:75.000 sowie 2 Übersichtskarten im Maßstab 1:500.000 und 1:800.000
© Freytag & Berndt, Wien
3 Wanderkärtchen im Maßstab 1:50.000
Geodaten © OpenStreetMap und Mitwirkende
Kartografisches Design: Freytag & Berndt Prag, www.freytagberndt.cz

Die Ausarbeitung aller in diesem Führer beschriebenen Touren erfolgte nach bestem Wissen und Gewissen des Autors. Die Benutzung dieses Führers geschieht auf eigenes Risiko. Soweit gesetzlich zulässig, wird eine Haftung für etwaige Unfälle und Schäden jeder Art aus keinem Rechtsgrund übernommen.

7., überarbeitete Auflage 2022
© Bergverlag Rother GmbH, München
ISBN 978-3-7633-3018-8

Wir freuen uns über jeden Korrekturhinweis zu diesem Wanderbuch!
Bitte per E-Mail an: **leserzuschrift@rother.de**

**ROTHER BERGVERLAG** · Kelteringring 17 · D-82041 Oberhaching
Tel. +49 89 608669-0 · www.rother.de

Thaler Höhe  22
Tiefenbach  46
Tonis Gemstelalp  58
**U**
Untere Bärgündelealp  92
Untere Gutenalp  88
Untere Traualp  142
Untere Wiesalp  61
Unterjoch  120
Urschlabodenalp  34
**V**
Vilsalpsee  142
Vilser Scharte  136
Vordere Krumbachalp  27
Vordere Schafwanne  103
Vorderreute  123
**W**
Waltenberger Haus  79
Wankerfleck  162, 166, 170
Wannerlesalp  22
Weißensee  150
Widderstein  8, 55
Widdersteinhütte  55
Wiedemannsdorf  22
Wildenfeldhütte  90
Wildental  61
Wilder Mann  76
Wildsulzhütte  156
Willersalp  102
Winkelwiesenalp  28
**Z**
Zehrerhöfe  120
Zinken  120
Zirleseck  127
Zirmgrat  150